D1726683

Wenn Sterne wie Diamanten funkeln,
dann ist Weihnachten

Herausgegeben von Joe Fuchs

*Der Cameo Verlag wird vom Bundesamt für Kultur
für die Jahre 2021–2024 unterstützt.*

Lektorat: Susanne Schulten, Duisburg
Umschlaggestaltung, Layout und Satz: Cameo Verlag GmbH, Bern
Druck: GGP Media GmbH, Pößneck
ISBN: 978-3-03951-015-3

Printed in Germany

Wenn Sterne wie Diamanten funkeln, dann ist Weihnachten

Weihnachtliche Geschichten zum Träumen aus der Schweiz

CAMEO

Inhaltsverzeichnis

Das verlorene Geschenk
von Christine Jaeggi

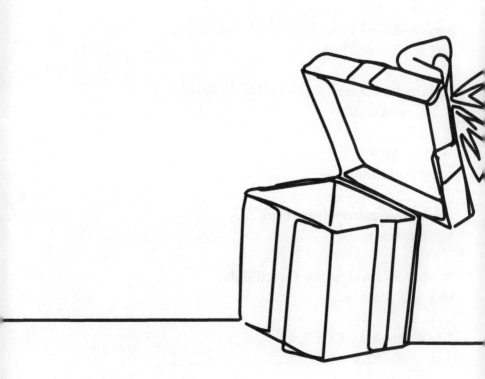

D as Kaminfeuer knackt und knistert, speit gelegentlich verglühende Holzstückchen aus. Der Christbaum in der Mitte des Wohnzimmers leuchtet mit seinen silberfarbenen Kugeln, ein Engel thront auf dem Spitz. Alfred sitzt in seinem Sessel und beobachtet stolz, wie sein Enkel mit mir spielt. Ich war Alfreds erstes Weihnachtsgeschenk und bin auch nach über siebzig Jahren noch in Bestform. Alfred hat viel erreicht in seinem Leben und kann sich inzwischen alles kaufen, aber ich erinnere ihn an seine Kindheit. An eine Zeit der Entbehrung und der Not, aber auch an eine Zeit, in der er lernte, dass man nie aufhören darf, an Wunder und Träume zu glauben. Dieser Glaube half ihm in späteren Jahren dabei, alles zu erreichen, was er wollte. Dank mir.

Dabei hätten Alfred und ich damals fast nicht mehr zueinandergefunden, ich erinnere mich noch gut an jenen Tag vor zweiundsiebzig Jahren …

Es herrschte Hochbetrieb in der Weihnachtswerkstatt des Nikolaus. Flinke Elfenhände verpackten ein Geschenk nach dem anderen, auch mich. Am Ende war ich ein kleines, viereckiges

Kartonschächtelchen, eingepackt in rotes Glanzpapier und verziert mit einer dunkelgrünen Samtschleife. Nie werde ich die Aussage von Cristallina, der Elfe, vergessen, die mich eingepackt hatte. Jedes einzelne ihrer Worte sog ich auf wie ein Schwamm: «Ach, du hübsches Geschenk! Du bist zwar kleiner als die anderen, aber nicht weniger wertvoll, das darfst du nie vergessen. Und du kommst zu einem ganz besonderen Kind.» *Ein besonderes Kind*, dachte ich, und eine Welle des Glücks durchströmte mich. Wer dieses Kind wohl sein mochte? Ein kleiner Prinz vielleicht? Oder eine Prinzessin? Ob das Kind in einem Schloss lebte oder einem orientalischen Palast? Ganz bestimmt würde ich an Weihnachten unter einem riesigen und prächtig geschmückten Christbaum liegen und ... Während mir Hunderte von Gedanken durch den Kopf wirbelten (ja, ja, ich wusste natürlich, dass ich eigentlich keinen Kopf hatte, egal), bemerkte ich fast nicht, wie sämtliche Geschenke in einem großen Jutesack verstaut wurden. Erst als ich an der Reihe war und mir Cristallina «Gute Reise!» zuhauchte, überkam mich ein Schwall von Nervosität, gemischt mit einer Prise Angst. Es war so weit!

So sehr ich mich auch darauf freute, ein Kind zu beschenken, so sehr tat es mir weh, Cristallina und die anderen Elfen zu verlassen. Sie hatten uns in den vergangenen Jahren so viel beigebracht über das irdische Leben, das uns eines Tages erwartete. So zeigten sie uns Bilder der Menschen, aber auch von Wäldern, Tieren, Häusern und Blumen. Von Cristallina lernten wir, dass wir zwar materielles Gut seien und nicht notwendig zum Überleben, wir den Menschen aber viel bedeuten würden.

Und so verließ ich die Weihnachtswerkstatt mit einem lachenden und einem weinenden Auge und beschloss, das beste Geschenk aller Zeiten zu werden.

Ich hatte das Glück, im Jutesack einen der begehrten Randplätze zu ergattern. Und erst noch mit einem kleinen Guckloch, durch das ich das Geschehen draußen beobachten konnte. Zum Beispiel wie die Elfen weitere Geschenksäcke in den blank polierten Schlitten luden und wie kräftige Rentiere eingespannt wurden. Schließlich erlebte ich sogar den Auftritt des Nikolaus. Bisher hatte ich ihn erst einmal gesehen, und zwar als er mich Ende November im Spielzeuglager ausgesucht hatte. Er entsprach schon damals genau meinen Vorstellungen von einem Nikolaus mit seinem buschigen schneeweißen Bart. Und nun trug er auch noch einen roten Samtmantel und eine dazu passende Mütze mit weißem Bommel.

Als der Schlitten losfuhr und immer schneller und schneller wurde, jagte ein Kribbeln durch mich, und mir wurde etwas übel. Heutzutage würde man das wohl als Flugangst bezeichnen. Dann hoben wir endlich ab in den Himmel, und gerade als ich mich überwunden hatte, erneut durch das Guckloch nach draußen zu schauen, drückte mich jemand mit voller Wucht nach unten. «Hey!», rief ich und erntete ein «Still, du

Mini-Geschenk!», gefolgt von hämischem Gelächter. Ich schaute mir den Fiesling genauer an, der mich beschimpft hatte. Es handelte sich um eine rechteckige Schachtel in Goldpapier mit dunkelroter Schleife und einem Glöckchen daran. (Warum hatte die blöde Schachtel so einen Anhänger und ich nicht?) Ich vermutete, dass in der Schachtel die Puppe mit den goldenen Löckchen und dem rosa Kleidchen steckte, die schon im Spielzeuglager eine so große Klappe gehabt hatte. Jedenfalls war die Schachtel etwa viermal so groß und breit wie ich, ein Grund, mich besser nicht mit ihr anzulegen. Trotzdem, sie hatte mir meinen Fensterplatz weggeschnappt und mich beleidigt, das würde ich gewiss nicht einfach so hinnehmen. «Warum hast du mich nach unten gedrückt?», fragte ich höflich. «Das war nicht nett.»

Die Schachtel lachte laut auf, und ihr Glöckchen bimmelte. Wie nervig. «Du hast in diesem Sack gar nichts zu melden. Ich bin das größte Geschenk hier und habe das Sagen. Immerhin komme ich zu einem Königskind!»

«Das stimmt nicht», entgegnete ich. «Cristallina meinte, *ich* komme zu einem ganz besonderen Kind.»

Wieder erklang dieses fiese Gelächter, gefolgt von Gebimmel. «Das sagt sie allen, du Idiot!»

«Nein! Das stimmt nicht, sie ...»

«Still jetzt», unterbrach mich eine gehässig klingende Stimme neben mir. Sie stammte von einem runden Paket, das in hellblaues, mit weißen Tupfen bedrucktes Papier eingewickelt war. Da musste der Fußball drinstecken, der im Spielzeuglager im Regal gegenüber gelegen hatte. Er hatte den Zinnsoldaten neben sich die ganze Zeit über immer wieder runtergestoßen. «Ich will meine Ruhe haben und schlafen, bevor ich zu meinem Kind komme!», knarzte er. «Dann ist nämlich Schluss mit lustig. Also nutzt die Reise und ruht euch noch etwas aus.»

Kurz darauf schnarchte er so laut, dass man nicht mal mehr das Gebimmel der Schachtel hören konnte. Auch ihre Sticheleien hatten aufgehört. Ich versuchte ebenfalls zu schlafen, war aber viel zu angespannt. Zudem stank es in dem Sack, und es war warm. Nach einer Weile hielten wir an, und kurz darauf drangen ein paar Lichtstreifen zu mir durch, jemand wühlte im Sack. Ein paar Geschenke riefen: «Hier bin ich!», «Nimm mich!», «Ich will raus!»

Ich hoffte so sehr, dass der Nikolaus mich wählen würde, aber er griff leider nach der Schachtel über mir. Wenigstens war ich die Nervensäge los. Zudem hatte sich durch den Weggang einiger Geschenke mehr Platz und eine neue Formation gebildet. Ein großes, weiches Geschenk lag nun direkt unter mir, und ich konnte endlich wieder durch das Guckloch schauen. Doch mit Schrecken stellte ich fest, dass die Schachtel zuvor das einst kleine Guckloch massiv erweitert hatte und ich mit meiner geringen Größe nun in Gefahr geriet, aus dem Sack zu rutschen. «Hilfe!», schrie ich. «Ich falle gleich raus!»

Doch niemand hörte mich, alle schienen zu schlafen. Ich bemühte mich mit ganzer Kraft, von dem Loch wegzukommen, aber der Fußball neben mir drückte mich regelrecht raus. Nur mit viel Anstrengung gelang es mir, an meinem Platz zu bleiben. Dann jedoch machte der Schlitten plötzlich eine Vollbremsung, der Sack kippte leicht zur Seite, und der Fußball drückte so fest gegen mich, dass ich durch das Loch und in die weite Nacht hinausfiel.

Alles wurde leicht und ich fühlte mich, als wäre ich schwerelos. Meine Angst war wie weggeblasen, Sterne funkelten um mich herum, der Mond schien mir aufmunternd zuzuzwinkern. Das Universum war unendlich, wurde mir bewusst, und die Wolke, auf der ich mein bisheriges Leben verbracht hatte, erschien mir im Nachhinein plötzlich als sehr klein und bedeutungslos. Meine Sorgen verschwanden. Ich fiel und fiel, fühlte mich wie in Watte gepackt. Irgendwann waren die Sterne nicht mehr zu sehen, dafür wirbelten Abertausende von Schneeflocken um mich herum, als wollten sie mit mir tanzen. So musste es nach dem Tod sein, davon war ich überzeugt.

Als ich unerwartet sanft landete, war ich mir zuerst sicher, im Jenseits zu sein. Doch dann kam ich zur Besinnung. Vollkommene Schwärze war um mich herum, und ein kalter Schauer durchrieselte mich. Ein Windstoß trieb mir kalte Flocken entgegen. Ich war nicht tot, nein, noch nicht. Ganz vorsichtig bewegte ich mich, kippte aber bloß auf eine andere Seite. Zwei leuchtende Augen starrten mich an, und ich schrie: «Bitte, bitte, friss mich nicht!»

Doch die Augen näherten sich, und im nächsten Moment rupfte auch schon etwas an meinem Geschenkband. «Bitte, lass mich los! Bitte! Ich bin nur ein Geschenk.»

Mein Flehen nutzte jedoch nichts, ich wurde in die Lüfte gehoben und konnte nun sehen, dass es sich um eine Eule handelte, die mich erbeutet hatte. Brachte sie mich in ihr Nest? Als Weihnachtsbraten? Aber mich konnte man doch gar nicht essen! Aber ehe ich nochmals etwas zu meiner Verteidigung vorbringen konnte, wurde ich auch schon sanft auf dem Boden niedergelegt. Die Eule streichelte mich zart mit ihren Flügelspitzen, dann flog sie davon. Der Ort, an dem sie mich abgesetzt hatte, war nicht heller als zuvor, aber zumindest trockener. Es roch intensiv nach Tannennadeln, und ein Ast über mir kitzelte mich. Ich musste in einem Wald sein, und diese Tatsache beruhigte mich. Kurz darauf döste ich ein.

Ein furchtbares Geräusch riss mich aus dem Schlaf, und ich blickte mich erschrocken um. Es klang ein wenig wie damals, als das Spielzeuglager umgebaut worden war und von den Schreiner-Elfen neue Holzregale gebaut wurden. Nun sah ich, wie ein Mann mit dunkelgrünem Hut und grauer Jacke mit einer Säge eine Tanne fällte. Daneben stand eine Frau, die ihre umherspringenden Kinder zu beruhigen versuchte. Ein Eichhörnchen huschte davon, und hinter einem Baum spähte ein Fuchs hervor. So sahen also Tannen, Menschen und Tiere in echt aus. Ich hatte sie bisher nur auf Bildern gesehen, die Cristallina mir gezeigt hatte. Ach, Cristallina, wie sehr ich sie vermisste!

Ich verbrachte den ganzen Tag damit, Menschen, Tiere und natürlich den Christbaumverkäufer zu beobachten, der eine Tanne nach der anderen fällte. Mein Baum war noch nicht dran gewesen, er stand ziemlich weit entfernt von den anderen, und ich fragte mich, ob man ihn überhaupt kaufen konnte. Aber irgendwann, es dämmerte bereits, erschien ein Mann in einem dunkelbraunen Mantel und einem grauen Hut. Er war anders gekleidet als die Menschen, die vor ihm hier gewesen waren. Altmodischer, ärmlicher. Er sprach mit dem Christbaumverkäufer, woraufhin dieser verständnisvoll nickte und dann auf meine Tanne zuging. Ach herrje!

«Hier, der ist preiswerter als die anderen. Er ist etwas krumm, hat auf einer Seite fast keine Äste mehr.» Er überlegte kurz. «Wissen Sie was, ich gebe Ihnen den Baum gratis.»

Der Mann betrachtete die Tanne und lächelte. «Ja, das Bäumchen ist gut. Hier vorne ist es ja recht buschig. Aber ich möchte es nicht gratis, ich will etwas bezahlen.»

«Na gut, wie Sie meinen. Ich hole die Säge.» Der Verkäufer ging davon. Ich hoffte, er würde mich entdecken, bevor er den Baum fällte, sonst würde er mich am Ende noch in zwei Hälften schneiden.

Der Käufer blickte die Tanne zufrieden an. «Du bist wirklich perfekt. Alfred wird sich freuen.» Er kniete nieder. «Und hier stellen wir die Krippe meiner Großmutter hin.» Er hob die Äste etwas an und erstarrte, als er mich sah. «Was haben wir denn da?» Er hob mich hoch. «Ein Geschenk! Wie kommt das denn hierher?» In diesem Moment kehrte der Verkäufer mit der Säge zurück. «Was ist das?»

«Es lag unter dem Baum. Ob ein anderer Kunde es vergessen hat? Oder mit Absicht für jemanden deponiert?»

Der Verkäufer musterte mich kritisch. «Nein, die Leute holen sich eine Tanne dort vorne und gehen wieder. Bisher war niemand hier hinten.»

«Vielleicht ein Kind, das sich einen Scherz erlaubt hat?»

Der Verkäufer zupfte an seinem Schnurrbart. «Nein, heute war zwar eine Frau mit zappeligen Kindern hier, aber die sind nicht bis hierhin gegangen ... Hören Sie, heute ist Heiligabend, und dieses Geschenk scheint wie ein Wunder da hingekommen zu sein. Es sieht irgendwie aus, als hätte es eine lange Reise hinter sich. Von mir aus können Sie es behalten, immerhin haben Sie es ja gefunden.»

«O nein. Das geht doch nicht.»

Der Verkäufer drückte mich dem Kunden in die Hände. «Doch, das geht. Vielleicht ist es ja sowieso leer. Wer weiß.»

He, ich bin nicht leer, wollte ich erwidern, aber der Kunde steckte mich schon in seine Manteltasche. «Gut, dann habe ich wenigstens ein Geschenk für Alfred.»

So kam es, dass ich Weihnachten am Ende doch noch unter einem Christbaum verbringen durfte. Ich war das einzige Geschenk, aber der Junge, Alfred, machte große Augen, als sein Vater ihm sagte, dass ich für ihn sei.

«Wirklich, Papa? Aber ich dachte, du und Mama habt kein Geld ...»

«Es ist eigentlich auch nicht von uns. Ich habe es im Wald gefunden.» Und der Mann erzählte seinem Sohn die Geschichte. «Deshalb weiß ich auch nicht, was drinsteckt ... Los, öffne es!»

Oh, was war ich aufgeregt! Auf diesen Moment hatte ich so lange gewartet.

Alfred öffnete sorgfältig meine Schleife und das Papier. Cristallina hatte uns gewarnt, dass wir von den Kindern aufgerissen werden würden, umso erstaunter war ich über Alfreds Achtsamkeit. Als er mein viereckiges Kartonschächtelchen öffnete, hob er mich überrascht heraus. «Das ... das ... genauso eines habe ich mir gewünscht! Ein kleines Postauto!»

Er stellte mich auf den Tisch und fiel seinen Eltern in die Arme. Danach kniete er sich hin und setzte mich auf dem Holzboden ab, begann mich zu bewegen. «Ich habe dem Nikolaus einen Brief geschrieben», flüsterte er mir zu, «und eine Zeichnung von dir gemacht.» Er strahlte. «Er hat meinen Wunsch tatsächlich erhalten.»

Ich strotzte nur so vor Stolz. Cristallina hatte recht gehabt: Ich war für einen ganz besonderen Jungen bestimmt gewesen.

Dieser Junge ist nun achtzig Jahre alt und hat, wie zu Beginn meiner Geschichte schon erwähnt, noch immer große Freude an mir, dem kleinen Postauto. Sogar die Schachtel, das Papier und die grüne Samtschleife hat er aufbewahrt.

Die Magd des Herrn

von Alice Wegmann

Esther irrte ziellos durch die Nacht. Noch immer konnte sie es nicht fassen, dass Jonas, der Hirte, Bethlehem verlassen haben sollte. Niemand wusste, wohin er gegangen war. Niemand gab Antwort auf Esthers bange Fragen. Denn Jonas war ihr Freund, sie liebten sich doch. Und nun war sie allein und doch nicht allein, leise regte sich etwas unter ihrem Herzen. Aber kein Vater war da, um das Kind willkommen zu heißen.

In ihrer Not lief Esther zu den Hirten auf dem Feld. Vielleicht konnten sie, Jonas' Arbeitsgefährten, ihr Nachricht geben vom verschollenen Geliebten. Als aber die weißen Wolken der Schafe vor Esthers Augen auftauchten, erkannte sie sogleich, dass eine Unruhe in ihnen war. Sie blökten und drängten sich dicht zusammen. Wo waren die Hirten? Nur ein alter Mann stand zwischen den verängstigten Tieren, versuchte sie zu beruhigen und vermochte doch nicht Ordnung zu schaffen. Esther machte ihn auf sich aufmerksam und nannte ihr Anliegen.

Aber der Alte schüttelte unwillig den Kopf. «Von einem Jonas weiß ich nichts, frag die anderen, die Jungen. Sie sind allesamt weggelaufen, weil ihnen ein Engel mit einer Botschaft erschienen sein soll. Ich bin zu alt, um an solche Dinge zu glauben.»

«So will ich die Hirten suchen gehen», erwiderte Esther und ließ sich von dem mürrischen Alten den Weg weisen. Und so kam sie zu dem Stall, wo in der Krippe das Christuskind lag. Esthers einfältigem Sinn wollte es wie ein gewöhnliches Kindlein erscheinen. Es lächelte so lieb und hob seine kleine Hand, um das Mädchen herbeizuwinken. Aber Esther sah, dass vornehme Herren vor der Krippe knieten und kostbare Gaben davor ausbreiteten. Demütig hielten sich die Hirten abseits, aber auch sie trugen Lämmer, Wolle und Milch auf den Armen. Nur Esthers Hände waren leer. Was hätte sie zu geben vermocht?

Die großen dunklen Augen des Kindes waren unverwandt auf das Mädchen gerichtet, als erwarte es etwas von ihm. Und Esther konnte sich diesem Blick nicht entziehen, ob sie nun kniete oder den Kopf wegwandte. Sie schämte sich, so arm zu sein. *Kann ich ihm denn gar nichts geben?*, dachte sie bei sich, und dann fiel ihr ein, dass sie starke Arme und geschickte Hände hatte. *Ich könnte das Kindlein tragen und wickeln und ihm sein Bädlein richten*, dachte sie bei sich.

Still schlich sie sich vorwärts, niemand war da, der sich ihr in den Weg stellte. Sie hob das Kindlein auf, wusch es, hüllte es in frische Tücher und legte es der Mutter in den Schoß. Und das Knäblein lächelte, als gefalle ihm dies besser als die kostbaren Gaben.

Maria aber, die holdselige Mutter, nickte dem Mädchen zu, und es sah an ihren Augen, dass sie alles wusste. «Mutter auch du», sagte Maria leise. «Was können wir Besseres geben als unsere ganz große Liebe und Fürsorge.» Das Christuskind steckte Esther ein kleines Händchen entgegen, und Esther küsste es voll Dankbarkeit. Stark und froh regte sich das neue Leben in ihrem Schoß.

Das Fest der Liebe
von Valeria Bianchi

Irgendwo in der Ferne schlug eine Uhr zwölf um Mitternacht, als Klaus sich ächzend auf die kleine Holzbank vor seiner Hütte fallen ließ. Die Tage im Dezember waren bekanntlich kürzer, die Arbeitszeiten auf der lokalen Poststelle im Dorf jedoch umso länger. Seit Tagen schon häuften sich Dutzende von Paketen, die noch ordentlich sortiert und zugestellt werden mussten.

Unten im Tal gingen die letzten Lichter aus, und der Mondschein ließ die schneebedeckten Häuser in sanftem Licht erstrahlen. Seufzend blickte Klaus in den funkelnden Sternenhimmel hinauf. «Alle Jahre wieder», murmelte er vor sich hin. Wie immer um diese Jahreszeit fragte er sich mehr denn je, wie er hier im hinterletzten Ort Finnlands gelandet sein konnte. Jahre waren vergangen seit seiner Ankunft in dem kleinen Dorf, und meist ließ ihn der Alltagsstress seinen Frust rasch wieder vergessen. Aber an Abenden wie diesem, in einsamer Stille und umgeben nur vom Glitzern der Sterne, kamen Erinnerungen an früher auf, an die Magie, die einst die Welt erleuchtete und an die Elfen, die die Menschen mit ihrem Zauber beglückten.

Doch mit der Zeit hatten die Menschen aufgehört, die Magie und all ihre Wunder zu schätzen; sie hatte für sie an Bedeutung verloren und war über die Jahre schließlich gänzlich in Vergessenheit geraten. Zu beschäftigt waren die Menschen mit ihrem ewigen Streben nach Reichtum und Macht. Und wo es keinen Bedarf an Magie gab, da brauchte es auch keine Elfen, weshalb Klaus nun als Leiter der kleinen und auch einzigen Poststelle des Dorfs arbeitete und seine einst grandiosen Zauberkünste in den frostigen Weiten Lapplands auf Eis gelegt hatte.

Klaus starrte in seine Tasse mit kalt gewordenem Kakao, als ein leises Knirschen aus Richtung des Waldes ihn aus seinen Gedanken riss. Mit zusammengekniffenen Augen versuchte er in der Dunkelheit etwas zu erkennen; um diese Jahreszeit waren die Bären meist hungrig und trauten sich näher an die Häuser als sonst. Stattdessen taumelte ihm ein kleines Rentierkalb auf wackligen Beinen entgegen.

«Das hat mir noch gefehlt», grummelte er, «dann ist die restliche Herde bestimmt nicht weit. Husch, husch! Geh weg!», rief er dem Tier entgegen. «Nicht, dass ihr Viecher mir die ganzen Wintervorräte wegfresst!» Er stapfte ins Haus und ließ die Tür mit einem lauten Knall hinter sich zufallen.

Doch am nächsten Morgen bemerkte er das kleine Rentier erneut am Waldrand; auch auf seinem Weg zur Arbeit erspähte er den Kleinen immer mal wieder aus dem Augenwinkel. Und als er gerade ein besonders schweres Paket aus seinem Postboten-Schlitten hievte, hätte er für einen Moment schwören können, dass das Rentier ihm von der anderen Straßenseite aus zuguckte. Er hatte das kopfschüttelnd als Zeichen körperlicher Überlastung eingestuft und sich eine mentale Notiz gemacht, sich Abend mal wieder ein heißes Bad zu gönnen.

Über die nächsten Tage sichtete Klaus das kleine Rentier immer wieder, und während er die anfänglichen Begegnungen als reine Zufälle betrachtete, wurde er je länger je mehr das Gefühl nicht los, dass ihm das Tier auf Schritt und Tritt folgte. Und so kam es, dass Klaus eines Abends auf seine Hütte zu stapfte und das Rentier schlafend auf seiner Veranda vorfand. «Was machst du denn hier, du kleiner Kerl?», wunderte sich Klaus. «Du erfrierst doch, wenn du so ungeschützt hier liegst.»

Doch das Kalb schlief friedlich weiter, trotz dem Schnee, der zu fallen begonnen hatte, und dem eisigen Wind, der aufzog. Mit einem Seufzen entledigte sich Klaus schließlich seines dicken Schals und deckte das kleine Rentier damit zu.

Klaus entdeckte das Rentier auch am nächsten Abend und am Abend darauf schlafend vor seiner Haustür. Am vierten Abend jedoch ließ er die Haustür einen Spalt offen – einfach nur aus Neugierde und um zu schauen, wie zutraulich das Rentier tatsächlich war, redete er sich ein. Er platzierte sich eingewickelt in eine Decke auf der Couch nahe beim Eingang, um ein Auge auf das Tier zu haben. Doch das Rentier machte keinen Wank trotz der Eiseskälte, und schon bald holte Klaus die Müdigkeit ein und er schlief ein.

Plötzlich jedoch kitzelte ihn etwas Feuchtes, Raues im Gesicht und weckte ihn aus dem Tiefschlaf. Er schnellte von der Couch hoch, vergaß, dass er wie eine Raupe in seine Decke eingewickelt dagelegen hatte und fiel ebenso schnell wieder auf die Nase. «Potz Teufel!», schimpfte er, als er sich aufrappelte. «Wer wagt es, mich aus meinem wohlverdienten Schlaf zu reißen?» Da blickte er doch tatsächlich in ein braunes Augenpaar, das ihn von hinter der Couch aus neugierig anstarrte. «Du hast mich doch fast zu Tode erschreckt!», sagte Klaus vorwurfsvoll zu dem kleinen Rentier. «Du kannst dich doch nicht einfach an mich heranschleichen!»

Und da kam Klaus eine Idee. Er verschwand für ein paar Minuten im Nebenzimmer und kam mit einem roten Halsband in der Hand wieder zurück, das vorne mit einem kleinen Glöckchen versehen war. Das Tier beschnüffelte das Halsband zuerst vorsichtig und ließ es sich von Klaus schließlich anlegen. «So», meinte Klaus zufrieden, «jetzt höre ich dich wenigstens, wenn du dich nachts hier herumtreibst.»

Die Tage näherten sich dem Jahresende, und Klaus arbeitete tagein tagaus, um all die übrigen Pakete noch rechtzeitig ausliefern zu können. Das Rentier folgte ihm dabei auf Schritt und Tritt, und zum großen Vergnügen all der kleinen Kinder im Dorf nahm er das Tier irgendwann sogar mit auf die Poststelle. Sie streichelten das Rentier, spielten den ganzen Tag mit ihm und halfen Klaus, die Pakete in seinen Postschlitten zu tragen.

«Tschüss Klaus, tschüss Rudolph!», riefen die Kinder, als Klaus am Abend mit seinem Schlitten davonzog, das Rentier stets im Schlepptau.

«Du hast dir ja sogar schon einen Namen gemacht», schmunzelte Klaus, «Rudolph, das kleine Rentier.»

Klaus und Rudolph lieferten den ganzen Dezember über fleißig Pakete aus und wurden mit Dank und Lob überschüttet. Die Kinder warteten jeweils mit leuchtenden Augen auf das Duo, die Eltern bedankten sich bei den beiden mit frisch gebackenen Keksen und warmer Milch. Rudolph wurde immer größer und stärker und half Klaus, den schweren Schlitten durch die Weiten Lapplands zu schleppen, ein treuer Begleiter an seiner Seite.

Am 25. Dezember – Klaus und Rudolph waren mit einem vollbeladenen Schlitten unterwegs – zog ein heftiger Schneesturm auf. Die Schneeflocken fielen immer dichter und dichter, Klaus spürte die Eiseskälte des Nordwinds bis auf die Knochen, und bald konnte er die Hand vor Augen nicht mehr sehen. Er kämpfte sich Schritt für Schritt weiter, doch seine Beine versanken immer wieder knietief im Schnee, und er spürte, wie ihm langsam die Kraft ausging.

Und dann war Rudolph auf einmal verschwunden. Lange suchte Klaus im Sturm vergeblich nach ihm, bis er aus einigen Metern Entfernung seine Hilfeschreie hörte. Rudolph lag halb eingesunken im Schnee und konnte nicht mehr aufstehen. Das Tier fiel immer wieder zurück in den Schnee und schnaubte vor Anstrengung. Blanke Panik packte Klaus, denn es war weit und breit niemand da, um ihnen zu helfen, und wenn er Rudolph nicht in den nächsten Minuten befreien konnte, würden sie beide erfrieren. «Steh auf, steh auf!», rief er verzweifelt und versuchte mit letzter Kraft, das Tier hochzustemmen, als ihm eine Träne übers Gesicht rollte.

Da spürte Klaus, wie eine Wärme ihn zu durchströmen begann und sich von seinem Herz aus durch seinen ganzen Körper ausbreitete. Seine Hände erstrahlten in goldenem, glitzerndem Licht. Und als das Licht immer größer wurde, begann plötzlich alles um ihn herum zu schweben. Erst erhob sich sein Schlitten mit allen Paketen in die Luft, dann Rudolph, und schließlich flog auch er, umgeben von Glitzern und Leuchten, weit über den verschneiten Steppen Lapplands dahin. Mit einem frohen Jauchzen setzte sich Klaus auf seinen fliegenden Schlitten, seine Magie war wiedererwacht!

«Komm Rudolph, jetzt schaffen wir es, alle Pakete noch rechtzeitig auszuliefern!» Dank der magischen Hilfe begann Rudolph in der Luft zu galoppieren, der Schlitten setzte sich in Bewegung, und die beiden zogen in rasantem Tempo durch die Lüfte dahin. Das Klingeln von Rudolphs Glöckchen ertönte an diesem Abend in ganz Lappland.

Und so kam es, dass ein kleines Rentier eines einsamen Mannes Herz erwärmte und durch Liebe erneut Magie in die Welt brachte. Denn die Liebe ist es, wovon die Welt mehr braucht, und die Liebe ist es, die wir an Weihnachten gemeinsam feiern. So vergesst auch ihr nicht, die Welt mit etwas Liebe und Magie zu beschenken.

Weihnachtswichteln
von Silvia Götschi

An und für sich mag ich Weihnachten sehr. Es sind Tage voller Licht im dunklen Winter. Und Weihnachten bei der Nonna ist unvergesslich. Bereits vor dem ersten Adventssonntag beginnt sie, ihr großes Haus zu schmücken. Sie holt die Lichterketten vom Dachboden und montiert sie an Fenster- und Türrahmen, am Balkongeländer und an den Sträuchern im Garten. Seit sie siebzig geworden ist, hilft ihr ein junger Nachbar. Zum Dank erhält er selbstgemachte Kekse. Nonna ist ein Multitalent und immer für eine Überraschung gut.

Unsere Familie wächst in jedem Jahr um mindestens ein Neumitglied. Sei es, weil jemand einen Partner findet oder ein Baby bekommt oder zwei, wie das bei meiner Schwester Chiara der Fall ist. Sie ist erst einundzwanzig und stresst sich schon mit zweijährigen Zwillingen. Unsere Mamma ist jetzt im Dauereinsatz bei der Kinderbetreuung, weil Chiara ihren Job als Konfektionsverkäuferin nicht aufgeben will. Mit irgendetwas muss sie ihren Lebensunterhalt ja verdienen.

Nonna hat für alles ein offenes Ohr, und ich freue mich wie immer am 24. Dezember auf die Familienfeier bei ihr zu Hause. Ich erinnere mich gern an die vergangenen Feste, welche sie großzügig gestaltet hat. Der Weihnachtsbaum mit den immer gleichen roten Kugeln und dem Lametta, den echten Kerzen und den Schokoladeanhängern, die unter der Wärme schmelzen. Und den vielen Geschenken, die den Baum zum Verschwinden bringen.

Vor einem Jahr ist die Bescherung aus dem Ruder gelaufen, und wir sind der Geschenkeflut wegen nicht vor halb vier in der Früh ins Bett gekommen. Nonna hat nun durchblicken lassen, dass heuer gewichtelt würde. Statt vieler Geschenke für alle sollen wir uns auf ein spezielles und sehr persönliches Präsent für ein einziges Familienmitglied konzentrieren. Und es darf einiges kosten. Lieber Qualität statt Quantität. So ziehen wir dieser Tage Lose und besorgen ein Geschenk für denjenigen, dessen Namen wir in der Papierrolle finden. Ich selbst bin nicht sehr erfreut über meine Ziehung. Onkel Silvano ist Größeres gewohnt als eine Ledertasche mit Werkzeugen. Zu mehr reicht aber mein Einkommen nicht. Zudem tue ich mich immer ein bisschen schwer, wenn es um Geschenke für Männer geht. Bei meiner Schwester zum Beispiel würde es mir leichter fallen. Sie kann man bereits mit Kosmetiksachen glücklich machen oder einer Crème gegen Schwangerschaftsstreifen. Diese hat sie partout nicht losgebracht. Ich gebe mir Mühe, den Beutel mit edlem Papier einzupacken. Wenigstens ist meine Gabe sinnvoll und ich zerbreche mir weiter nicht den Kopf darüber.

Ich bin wie jedes Jahr die Letzte, die bei Nonna an die Tür klopft. Tausend Ideen verhindern meine Pünktlichkeit. Nonna findet mich trotzdem nett, sogar sehr nett, weil ich ihr im Charakter doch sehr ähnle. Zugegeben, ich habe genauso viel Fantasie wie sie, oder sogar mehr – nur bei dem Geschenk für Onkel Silvano hat die mich im Stich gelassen.

«Komm rein, meine Liebe.» Nonna drückt mich heftig an sich. Sie hat Kraft wie eine Kampfgöttin. Das kommt daher, weil sie dreimal die Woche zum Fitnesstraining geht und dort Gewichte stemmt. Zudem fährt sie Rad und steigt die Berge hoch. Sie ist in Topform. Im Gegensatz zu Mamma, der das Bewegen schwerfällt. Lieber sitzt sie vor der Glotze und schaut sich den *Bachelor* an. Aber Nonna, die ist eine Wucht. Und sie ist von wenigen Ausnahmen abgesehen immer gut gelaunt.

Sie führt mich durch das Entree, welches vom Geruch feiner Biskuits erfüllt ist. Im Wohnzimmer sitzt meine Familie. Mittlerweile sind es siebenundzwanzig Leute, inklusive die Jüngsten. Ich grüße in die Runde, knutsche die Zwillinge und meine Schwester, die mich mit siebzehn zur Tante gemacht hat. Alle Augen sind auf mich gerichtet. Ich lege mein Geschenk unter den Weihnachtsbaum und staune, wie schön dieser zur Geltung kommt. Ein glänzendes Paket, sicher einen Kubikmeter groß, steht beim Durchgang zur Küche und lenkt mich einen Moment ab. Da hat wer tief in die Tasche gegriffen oder sich einen Jux erlaubt: Der Beschenkte würde, nachdem er sich durch Hunderte von weiteren Paketen vorgetastet hat, ein sehr kleines Schächtelchen finden. Niemand hat uns gesagt, wie wir die Gabe einzupacken hätten.

Nonna lässt wie an jedem Heiligabend ihre Weihnachtslangspielplatte laufen, echt Schellack auf dem alten Plattenspieler. Die Töne kratzen von Jahr zu Jahr mehr. Nonna liebt Traditionen – bis auf die Geschenke. «Süßer die Glocken nie klingen» von den Wiener Sängerknaben. Nonna sagt, sie hätten alle den Stimmbruch noch nicht. Manchmal witzelt sie, es seien Eunuchen. Sie lädt zur altbewährten Weihnachtspastete ein, mit viel Gelatine. «Das zittert so schön», sagt sie und erklärt das Rezept – an jedem Heiligabend von Neuem.

Meine Cousine Laura ist seit einem halben Jahr Veganerin und kauft sich ihre neuen Kleider jetzt in der Kinderabteilung. Sie isst keine Pastete und von der Gelatine behauptet sie, ihr Hauptbestandteil sei ein Kollagen, das in Haut, Schwarten, Knochen und Bindegewebe vorkommt. Sie krönt ihren Vortrag mit «Guten Appetit».

«Was trägst du denn, wenn's kalt ist?» Mein Bruder Leonardo kann es nicht lassen, Laura deswegen zu necken.

Laura checkt seine Bemerkung offensichtlich nicht. «Warme Kleider.»

Leonardo greift ihr an den linken Arm. «Ein Wollpullover … ich dachte, du seist Veganerin?»

Nonna tischt zur Vorspeise Nüsslisalat mit Speckwürfeln und gekochten Eiern auf. Wie jedes Jahr.

Laura rümpft die Nase und pickt Speck und Ei aus dem Salat.

«In der Sauce ist Mayonnaise drin. Die bereitet man mit Eiern, Senf und Öl zu.» Leonardo grinst.

Und Laura schmollt. Sie stößt den Teller von sich. «Ihr verderbt mir das Weihnachtsessen.»

Nonna vermeidet es, deswegen eine Szene zu machen. «Im Kühlschrank hat es Sojasprossen und frischgepressten Zitronensaft. Vielleicht erfreut dies ja dein veganes Herz.»

«Soja kommt von weit her», erklärt Chiara, die mit den Zwillingen. «Ökologisch ist das nicht. Also sieh dich vor, liebe Nonna.»

Die lächelt nur. Mit ihren 73 Jahren lässt sie sich nicht einschüchtern. Schon gar nicht von meiner Schwester. Chiara ist allein mit ihren Kindern. Ihr Freund hat sie gleich nach der Geburt verlassen, weil er sich dem doppelten Nachwuchs nicht gewachsen fühlte. Vielleicht liegt es aber an unserer Familienkonstellation. Schon Nonna ist von ihrem Mann verlassen worden, kaum dass das jüngste Kind auf der Welt war. Dasselbe ist meiner Mamma passiert. Und ihrem Bruder Silvano sowieso. Eine richtige Frau hat er nach der Trennung von der ersten nicht mehr gefunden. Ich glaube, er erwartet einfach zu viel. Mein jüngerer Bruder Leonardo ist noch solo. Mit gut achtzehn hat er bloß Autos im Kopf. Erst noch hat er seinen Führerschein gemacht. Nun spart er für einen Sportboliden.

Ich bin neugierig, was sich sein Wichtel für ihn ausgedacht hat.

Nonna ist überglücklich. Das betont sie zum hundertsten Mal an diesem Abend. Es sei doch immer wieder schön, wie sich ihre Familie zusammenraufe, um mit ihr zu feiern. Ja, und das sei gewiss nicht selbstverständlich, heute, wo jeder bloß an sich selbst denke und Familie als alten Zopf betrachte. Ich vermeide es, sie auf ihren Mann anzusprechen, der sie in jungen Jahren verlassen hat und in die Pampa gezogen ist. Er sei ein Mann von Welt gewesen, der durch Börsenspekulationen reich geworden sei. Später habe er bloß noch für die Alimentenzahlungen gearbeitet. Scheinbar sei er noch dreimal verheiratet gewesen und habe nebst seinen vier aus der Verbindung mit Nonna noch drei weitere Kinder. Die wären ja auch irgendwie verwandt mit uns. Na ja, lassen wir das auf der Seite.

Mit meiner Tante Gabriella, der jüngeren Schwester meiner Mamma, bin ich noch nie richtig warm geworden. Sie ist die Unterkühlte, eine Signora, die zeigt, was sie hat. Nebst ihren drei Töchtern – meinen Cousinen – hat sie zwei Windhunde. Ihre eigenen, wie sie stets betont. Zum Glück hat sie die Viecher zu Hause gelassen. Onkel Giovanni hat ein echtes Kreuz mit seiner Frau. Manchmal tut er mir richtig leid. Wie er heute dasitzt, nicht wirklich bei der Sache. Fast lustlos stochert er im Nüsslisalat.

Am Tisch wird geredet und gelacht. Nonna sitzt an der Schmalseite. Ihr gegenüber thronen die Zwillinge in je einem Babysitz. Trotz ihrer zwei Jahre sabbern sie sich die Lätzchen voll, was meine Schwester veranlasst, darüber Witze zu machen. Leonardo sei in diesem Alter auch ein Sabberer gewesen. Nonna findet das weniger lustig. Die Kerlchen seien schlecht erzogen, meint sie, ohne mit der Wimper zu zucken. Vielleicht hat sie die beiden deshalb so weit weg von sich platziert.

Die Pastete und der dazu passende Kartoffelsalat munden bis auf Laura allen. Und während sie sich noch immer mit den Sojasprossen abmüht, verzehrt der Rest der Gäste als krönenden Abschluss eine echte Kalorienbombe – Tiramisu à la Nonna.

Der Höhepunkt des Abends aber ist das Wichteln. Meinem jüngsten Cousin wird die Aufgabe zuteil, die Geschenke an die Frau respektive den Mann zu bringen. Ich habe keine Ahnung, wer wem was schenkt. Das allein ist hochspannend. Meinem Cousin fällt es schwer, die Namen auf den Schildern zu lesen. Er hat seine Korrekturbrille vergessen. Ihm zu Hilfe kommt seine ältere Schwester, die als Schülerin einen Schönschreibwettbewerb gewonnen hat und dementsprechend findet, die Namen zu lesen sei eine echte Zumutung. Hierbei handle es sich um Hieroglyphen und nicht um Buchstaben.

Endlich gelangt das erste Präsent an die Beschenkte. Alle Augen sind auf Laura gerichtet. Mit dürren Fingern löst sie die

Masche, schält das Papier mit Sternen von einem Karton und öffnet den Deckel. Ihrem Gesichtsausdruck nach zu urteilen muss es etwas Entsetzliches sein. Sie greift hinein und holt ein sicher vierhundertseitiges Buch heraus. Gerade so kann ich den Titel lesen: *Eiweiß – das Fundament einer gesunden Ernährung.* Laura fällt die Kinnlade herunter. Doch sie möchte nicht unhöflich sein und zwingt sich zu einem Lächeln. «Das war sicher Leonardos Idee.»

«Bingo, Leonardo. Keinem anderen wäre so etwas Zynisches in den Sinn gekommen.» Meine Mamma hat dafür kein Verständnis.

«Niemand hat mich darüber aufgeklärt, dass das Geschenk nicht humorvoll sein darf.» Leonardo kichert vor sich hin, und mein Cousin, der die Brille vergessen hat, ist bereits mit dem nächsten Geschenk unterwegs. Zu mir!

«Für mich?» Es ist ein mit einer rosa Schleife geschmücktes blaues Schächtelchen, nicht größer als ein Schuhkarton. Ich reiße das Papier auf. Zwei Badelatschen kommen zum Vorschein, was mich auf den ersten Blick etwas verwirrt. Ich muss eine Weile zu lange auf den Inhalt gestarrt haben, und meine Mimik verrät offenbar meine Enttäuschung. Solche Latschen besitze ich bereits in allen Farben.

«Du musst zwischen den Frotteepantoffeln nachsehen», sagt Mamma und verrät damit zugleich, mein Wichtel zu sein.

Ich bekomme eine Einladung zu einem Wellness-Wochenende mit meiner Mamma, und ich bin mir sicher, dies hat sie eigentlich ihretwegen getan, da sie allein nie so etwas macht. Mein Dank bedingt eine Umarmung. Ich falle ihr um den Hals. «Grazie, ich freue mich!»

Und so geht das den ganzen Abend weiter. Mein Cousin verteilt die Geschenke. In der Zwischenzeit hat er Nonnas Lesebrille bekommen. Chiaras Zwillinge wollen natürlich bei jedem Geschenk ihr eigenes sehen und quengeln so lange, bis sie an der Reihe sind. Sie streiten sich darüber, wer nun den größeren batteriebetriebenen Bagger bekommen hat. Immerhin haben ihre Wichtel den gleichen Geschmack. Onkel Silvano freut sich sehr über den Lederbeutel mit den Werkzeugen, und er bekundet, wie sehr er diese Dinge gebrauchen könne.

Am Schluss geht einer leer aus. Giovanni, Gabriellas Mann, hat nichts bekommen. Oder doch? Das überdimensionierte Geschenk beim Durchgang zur Küche ist übriggeblieben. Niemand hat es tatsächlich beachtet. Der Teufel steckt immer im Detail.

Giovanni muss aufstehen. Mit einer Schere bewaffnet schreitet er erhobenen Hauptes zur Kiste. Nichts anderes als eine solche muss im Papier versteckt sein. Welch eine Verschwendung. Nonna beteuert, sie habe als Kind jedes Geschenkpapier sorgfältig aufrollen, die Geschenkbänder und Namensschilder in eine Schachtel legen und alles für die nächste Weihnacht aufbewahren müssen. Prompt sagt Mamma, da seien Papier und Bändel reißfester gewesen als heute.

Bevor zwischen Mutter und Tochter ein Streit wegen Vergeudung der Ressourcen entbrennt, geht Onkel Silvano schlichtend dazwischen. Er bittet um Aufmerksamkeit für Giovanni. Dieser hat es längst geschafft, das Papier auf der oberen Seite aufzuschneiden. Er löst ein Klebeband, welches zwei Deckel mittig zusammenhält und macht sich daran, diese langsam zu öffnen. «Dio mio ...»

Alle halten den Atem an. Selbst die Zwillinge vergessen zu jammern, nachdem die erste Euphorie über ihre Bagger geschwunden ist. Im Hintergrund ertönt eine schwülstige Melodie aus einer Bum-Bum-Box, von jemandem aktiviert. Ich weiß nicht, von wem. Wahrscheinlich von demjenigen, von dem die Kiste stammt.

Und wie von Geisterhand erheben sich die beiden Deckel und das Wichtelpräsent zeigt sich. Eine junge Frau, knapp bekleidet, steigt auf, wie Phönix aus der Asche. Ich sehe nur, wie Gabriella leichenblass fast von ihrem Stuhl kippt. Nichts mehr als ihre Reaktion steht jetzt im Mittelpunkt, während Giovanni einer Dame vom Escort-Service aus der Kiste hilft.

Wer, um Gottes Willen, hat sich diesen Scherz ausgedacht? Aus purem Mitleid für Giovanni?

Nonna scheint die seltsame Situation schnell unter Kontrolle zu haben. Während sich ihre Gäste an der Schönheit ergötzt haben, hat sie eiligst einen Bademantel aus dem Schlafzimmer geholt. «Sicher ist Ihnen kalt.» Nonna legt der Frau den Mantel um. Dann wendet sie sich an alle. «Das überbietet an Geschmacklosigkeit alles.» Sie rätselt über den Urheber des Desasters.

Nach Adam Riese müsste es Chiara sein. Aber traue ich ihr so etwas zu? Solche wahnwitzigen Ideen hecken sonst nur alternde Männer aus, wenn sie einem Pensionär zum Geburtstag ein besonderes Geschenk machen wollen. Alles schon erlebt. Und woher hat Chiara das viele Geld gehabt, um dieses Pin-up-Girl zu finanzieren?

Nach längerem Rätselraten lässt Chiara die Katze aus dem Sack. «Darf ich vorstellen? Das ist Felicia.» Sie wirft unserer Tante Gabriella einen abschätzigen Blick zu und wendet sich dann ganz zu ihr um. «Schade, dass ich nicht dein Wichtel bin. Ich hätte dir einen Hundezwinger geschenkt, als Zeichen dafür, dass du deinem Mann wieder mehr Aufmerksamkeit schenken solltest. Du lässt deine Hunde im Ehebett schlafen, während Giovanni mit dem Gästezimmer vorliebnehmen muss.»

«Chiara!» Nonna interveniert jetzt. Ich hätte mich sonst gewundert. «Was auch immer du im Schilde führst, stellst du uns deine neue Freundin vor?»

«Felicia besucht die Schauspielschule. Keine Angst, auf nichts anderes als auf eine Karriere in Hollywood ist sie aus. Und ich denke, bei dieser Gelegenheit teile ich euch mit, dass Felicia meine Lebenspartnerin ist. Und vielleicht ziehe ich mit ihr und den Zwillingen nach Los Angeles.»

Meine Mamma muss sich setzen. «Das kommt sehr überraschend.» Ich weiß nicht genau, was sie meint, egal ob der Umzug nach L. A. gemeint ist oder die Tatsache, dass meine Schwester mit einer Frau liiert ist. Und ob sie überhaupt kapiert, was da gerade abläuft. Giovanni ist aus dem Spiel raus. Es geht dabei nur um Chiara.

Sie wechselt einen Blick mit mir. Ich zucke nur die Achseln. Chiara hat schon immer gemacht, was andere nicht wollten. Mir ist das egal. Ich setze mich an Giovannis Seite und nehme seine Hand. «Wenigstens gehört dir eine große Kiste, in denen du deine Comics verstauen kannst. Gabriella hat mir letzthin erzählt, du würdest diese seit deinen Kindertagen sammeln.»

Nonna bleibt stehen. «Tja, das ist gut und recht. Es gibt etwas zu lachen … aber es ist eher zum Weinen. Ich schlage vor, wir lassen nächstes Weihnachten das Wichteln und kehren zum Altbewährten zurück.»

Das Geheimnis von Weihnachten
von Samuel Budmiger

«Als mein Großvater starb, war ich fünf Jahre alt.

Ich höre die Stimme meiner Tante noch genau, wie sie sagte: ‹Jetzt gehen wir deinem Großvater Ade sagen!›

Sicher hatte ich damals irgendwie mitbekommen, dass er krank war und im Spital lag. Aber die Tragweite des Abschieds an diesem Sommertag war mir natürlich nicht bewusst. Was ich aber noch genau weiß ist, wie ich bei ihm auf dem Spitalbett saß, gelehnt an seinen Bauch. Das ist so ein Bild in mir: sein Kopf vor mir, um ihn herum das Weiß des Kissens. Und sein Lächeln. Das sehe ich auch noch.

Ich glaube, er hob noch den Arm und streichelte meine Wangen – und lächelte.

Und ein Erwachsener im Raum sagte, ich könne dem Großvater jetzt noch Ciao sagen. Und ich sagte: ‹Ciao Großpapi, ciao.›

Und er hielt meine Hand.

Als wir draußen waren, gingen wir auf den Spielplatz neben dem Spital. Wir gruben ein Loch im Sandkasten, das weiß ich noch.

Zwei Tage später starb mein Großvater.

Bei der Beerdigung saß ich im Gras, vor mir stand der Pfarrer an einem Loch und streute mit einer kleinen Schaufel eine Portion Erde über die Urne aus Holz. Dann sah ich meinen Großvater auf einem Foto neben dem Grab.

Als es Winter wurde, so erzählte mir meine Mutter, hätte ich mit dem Großvater telefonieren wollen und gesagt, ich würde ihn vermissen. Aber daran habe ich selber keine Erinnerung mehr.

Genau erinnere ich mich aber an die Mannen mit den weißen Kutten, den roten Mützen und den schweren Schuhen. Und ich höre noch genau den alles übertönenden Klang ihrer Glocken, die sie in Reih und Glied mit jedem Schritt erklingen ließen. Jedes Bim und jedes Bam, das durch die Gassen der Altstadt brauste und das tief in die Brust und den Bauch eindrang, war ein Abtauchen in eine andere Welt, eine Berührung aus einer anderen Welt. Und ich wollte jedes dieser Bims und Bams möglichst laut und stark in mir spüren. So trieb ich meinen Vater, der mich auf den Schultern trug, an, mich hinter den Zuschauerreihen diesem magischen Ton hinterherzutragen.

Diese Berührung kam aus der Welt meines Großvaters. Plötzlich sah ich mich auf seinen Schultern, in seinen Armen. Ich spürte meinen Großvater in den dunklen Gassen inmitten der dröhnenden Glocken.

Noch heute kommen mir die Tränen, wenn diese einfachen Männer diese einfachen Klänge ins Dorf tragen und durch ihren Gleichschritt die Geräusche der Welt weit wegschieben und tief im Innern ein Beben auslösen.»

«Du wolltest doch vom Geheimnis von Weihnachten erzählen, Großvater! Und jetzt sind wir beim Samichlaus angelangt!»

«Keine Angst, kommt schon noch. Das mit meinem Großvater hat eben viel mit Weihnachten zu tun – und mit dem Geheimnis von allem.

Es ist nämlich so, dass das hier mit dir, so vor dem geschmückten Baum, das ist ganz tief in meinem Herzen. Und ich sitze zwar da als Großvater, bin aber viel mehr gerade der kleine Bub, der bei *seinem* Großvater sitzt. Nebendran der Weihnachtsbaum. Der warme Schein der Kerzen, der die Gesichter so friedlich macht, und die Flammen, die meinen Blick gefangen nehmen, mich versinken lassen. Die Zeit steht gerade still, weil all die Momente vor diesem Baum immer wieder in dem einen verschmelzen: mein Großvater und ich, als ich ein kleiner Bub war.

Nicht nur die Glocken haben meinen Großvater zurückgebracht, in diesem Winter nach seinem Tod. Als mein Vater am Heiligabend die Lieder sang und ich reglos in die Flammen der Kerzen blickte, war ich erfüllt von einer riesigen Sehnsucht und zugleich von einer großen Glückseligkeit. Ich saß wieder bei meinem Großvater auf dem Schoß, und er erzählte mir von Jesus, von dessen Geburt in einem Stall, von seiner Liebe zu den Menschen. Und mein Großvater flüsterte mir ins Ohr: ‹Ich liebe dich.›

Ich glaube, Jesus selber ist mal mit einem Buben oder einem Mädchen so dagesessen und hat ihm von dieser Liebe erzählt. Und dieses Kind hat als Großvater oder Großmutter seinen Enkeln von diesem Erlebnis mit Jesus – und was er ihm ins Ohr geflüstert hat – berichtet.

Und so immer weiter.»

«Und das Geheimnis von Weihnachten?»

«Das flüstere ich dir jetzt ins Ohr.»

Meine Begegnung mit Santa Claus
Eine wahre Geschichte von Gabriel Palacios

Mit den Augen des kleinen Gabriel: Ich war acht Jahre jung, als ich zum ersten Mal im Flieger sitzen durfte. Es ging nach Finnland, zum Nikolaus. Ja, es gab ihn wirklich!

Einige Monate zuvor hatte ich allmählich daran zu zweifeln begonnen, dass ein einziger Mann es wirklich schaffen könnte, an einem Abend um die ganze Welt zu fliegen und alle Kinder zu beschenken – und sie dabei auch noch alle beim Namen zu kennen.

Denn vor einem Jahr klingelte der Santa Claus an unserer Tür und verschwand sogleich wieder. In seinem Sack musste er aber ein Loch gehabt haben, weil er Nüsse und Schokolade verlor, wohl auf dem Weg zu seinem Schlitten. Ich fragte mich noch, wo er den denn hingestellt haben könnte und weshalb nirgendwo Spuren im Schnee zu sehen waren. Immer mehr wunderte ich mich, wie er das alles allein schaffte. So fragte ich also meine Geschwister, ob sie ihn schon mal gesehen hätten. Sie antworteten mir, dem Jüngsten von uns allen, dass der Nikolaus eben viele Helfer habe.

Doch nun saß ich ja, beinahe ein Jahr später, im Flieger. Wir flogen direkt zum Hauptquartier des Nikolaus. Ja, in Finnland, oberhalb des Polarkreises, sollte er sein Zuhause haben. Dort konnte man ihm begegnen. Meine Aufregung war riesig!

In Finnland schien die gesamte Landschaft voller Zuckerwatte zu sein. Überall lag weicher Pulverschnee, soweit das Auge reichte. Wir waren während der nun folgenden Tage in einem kleinen, gemütlichen Blockhäuschen mit Kamin untergebracht, und ich freute mich schon sehr darauf, am nächsten Tag zum Nikolaus zu fahren! Aber schon jetzt war ich in einer komplett neuen Welt angekommen. Und als der Morgen anbrach und wir uns alle parat gemacht hatten, um zum Nikolaus zu fahren, hielt ich es vor lauter Aufregung kaum noch aus.

Wir fuhren also in einem Minivan zu «Santa's Village» (Santas Dorf). Als wir dort ankamen, sahen wir vor uns auf dem Boden eine lange, ungefähr 50 Zentimeter breite Linie: Das war der Polarkreis, der durch den Schnee schimmerte. Sobald wir diese Linie überschritten hatten, waren wir endlich oberhalb des Polarkreises und standen nun direkt vor Santas riesigem, komplett aus Holz errichteten Haus. Es sah aus wie eine Mischung aus Schloss und Blockhaus. Auf dem Weg zu diesem großen Gebäude mit seinem spitzigen Dach begegneten uns Helferinnen und Helfer des Nikolaus, die viele Geschenke hin und her trugen.

Und in diesem riesigen Haus, da war er: Santa Claus! Nachdem wir das Haus betreten und uns in der Lobby vorgestellt hatten, durfte ich mich sogleich in die Warteschlange stellen, um zu Santas großem Thron zu gelangen, auf dem er es sich gemütlich gemacht hatte und wo er sich mit den anderen Kindern, die auch da waren, in allen erdenklichen Sprachen unterhielt.

Als ich plötzlich an der Reihe war, wusste er sogar meinen Namen. Er wusste auch, was ich gern mag. Es gab ihn also tatsächlich! Dann durften wir alle ein Foto von uns zusammen mit ihm machen, und ich dachte: *Das wird mir niemand in der Schule glauben.*

Am Nachmittag spazierten wir im Licht von romantischen Laternen, die den Schnee beleuchteten, zu Santas Grotte. Dort angekommen, sahen wir eine hohe Felswand mit riesigen Toren, und hinter diesen Toren führte ein ganz langer Tunnel, in dem uns auch wieder Santas Helferinnen und Helfer begegneten, direkt zu einer großen Welt tief im Untergrund. Dort sahen wir, wie die Geschenke für all die Kinder hergestellt werden. Sogar eine kleine Achterbahn gab es dort und unzählige Gnome, Trolle und Elfen, die uns einen Blick auf diese wahre Welt des Nikolaus gewährten.

Als ich mich im neuen Jahr – zurück in der Schweiz und nachdem der ganze Weihnachtszauber vorbei war – wieder durch matschigen Schnee kämpfen musste und in der Schule berichtete, dass ich dem wahren Santa Claus begegnet war, wusste ich genau, dass mir kaum jemand glauben würde.

Die Moral von der Geschichte: Es ist kaum zu glauben, was da in Rovaniemi alles unternommen wird, um diese kindliche Welt aufrechtzuerhalten. Doch auch wir Erwachsenen tun das des Öfteren – bloß mit anderen Welten, die aber auch keineswegs für uns zusammenbrechen sollen. Viele fürchten sich sogar davor, dass sich beispielsweise ein schlechtes Bauchgefühl in einer Beziehung als richtig herausstellen und man tatsächlich betrogen worden sein könnte. Und doch haben wir stets die Wahl: Wollen wir in der Märchenwelt bleiben oder lassen wir Enttäuschungen zu, um auch die schönen Seiten der Realität zu erkennen?

Nanuk, der kleine Eisbär
und sein Wunsch an das Christkind
von Hélène Vuille

Hungrig und traurig saß Nanuk auf einer großen, dahintreibenden Eisscholle. Weit oben im nördlichsten Teil des Polarmeers in einem Gebiet, in dem das Eis durch Wind und Meeresströmungen in Bewegung bleibt, war sein Zuhause. Nanuk liebte den hellen Lichtspiegel der Sonne, welcher die mächtigen Eismassen seiner Heimat während den Sommermonaten 24 Stunden am Tag beleuchtete. Doch heute konnte Nanuk sich nicht freuen. Die unendlichen Eisflächen seiner weißen Erde waren aufgebrochen – wohl deshalb, weil das hell gleißende Eis das Sonnenlicht stärker reflektierte als das dunkle Wasser und weil der Meeresspiegel angestiegen war.

Nanuk war traurig. Er fühlte sich unwohl auf diesem dicht nebeneinander angeordneten Meereis mit den immer größer werdenden Wasserflächen dazwischen, die seinen Lebensraum mehr und mehr verschwinden ließen. Sein Blick auf das dunkle Wasser erlaubte keine sorgenfreie Sicht mehr.

«Wer nur kann wollen, dass diese weiße Erde verloren geht?», fragte er sich traurig, wenn er sich an die behagliche Höhle zurückerinnerte, die er während des langen Polarwinters mit seiner Mutter und seinen beiden Geschwistern bewohnt hatte – und an die Zeit, in der er und seine Geschwister sich am wohlig warmen Bauch der Mutter gewärmt hatten, an die Muttermilch, die er alle zwei bis drei Stunden getrunken hatte und von der er nie genug bekommen konnte, weshalb er oft mit seinen Geschwistern um die Brust gerangelt hatte. Betrübt dachte er an die spannenden Nordlichtgeschichten zurück, welche seine Mutter ihm und seinen Geschwistern jeden Abend vor dem Einschlafen erzählt hatte. Nie war sie es müde geworden, die glühenden Lichter zu beschreiben, die am dunklen Nachthimmel wie kleine blitzende Feuerwerke erstrahlen, um die weiße Erde mit ihren glitzernden Figuren und deren Schatten zu schmücken. Am meisten jedoch hatte Nanuk die Adventsgeschichten geliebt, weil die leuchtend glimmernden Bänder der Nordlichter sich während der Vorweihnachtszeit oftmals rötlich verfärbten und damit andeuteten, dass das Christkind dabei war zu backen. Wehmütig erinnerte sich Nanuk daran, wie sehr er im Zentrum dieser Geschichten gewesen war – wie sehr sie seine Seele berührt hatten und wie er sie geliebt hatte. Und er dachte auch daran, dass man sich während der Adventszeit vom Christkind etwas wünschen durfte.

Das Zurückdenken an den Tag, als seine Mutter die dicke Schneedecke von unten aufwühlte, um ihre Eisbärenkinder mit lauten Rufen das erste Mal nach dem langen Polarwinter ans Tageslicht zu locken – wie es heller wurde in der tiefen Höhle und wie vereinzelte Strahlen der Frühlingssonne die Aussaat der Schneesterne im Eingang berührten, um mit ihnen gemeinsam zu glitzern – auch wie er nur die vielen unterschiedlichen Formen dieser winzig kleinen Eiskristalle bestaunte – alles das machte ihn jedoch noch trauriger.

Eine dicke Träne kullerte über seine flaumig weiche Eisbärenwange. Nanuk haderte mit dem Christkind und seinem Wunsch, der sich erfüllen sollte.

Neugierig hatte er damals sein Näschen durch die Öffnung gesteckt, um das erste Mal in seinem Leben das Tagewerk der Sonne zu bewundern und die weiße Erde zu beschnuppern. Unter dem glänzend warmen Gesicht der Sonne hatte Nanuk mit seinen Geschwistern im Schnee gespielt. Unermüdlich waren sie auf den Rücken der Mutter geklettert, um sich wieder und wieder in den Schnee fallen zu lassen. Dabei waren Schneefiguren entstanden. Erst als die Sonne sich leise verabschiedete und der Wind eisiger wurde, legten sie sich schutzsuchend unter die starken Vorderbeine der Mutter, um sich in ihrem weichen Fell zu vergraben und an ihrem Atem aufzuwärmen.

Viele Nächte träumte Nanuk von der weißen Fracht von oben, die seinen Schneefiguren neue Gesichter gab, sie größer und weicher, ineinanderfließender und stiller werden ließ. Viele Male auch träumte er von seinem innigsten Wunsch an das Christkind – davon, die Welt in Farbe zu sehen. Woche um Woche hatte die kleine Familie den Frühling genossen. Ständig war die Mutter in Sichtweite geblieben, um ihre Eisbärenkinder vor Gefahren fernzuhalten. Gerade wenn es zu sehr stürmte, hatte sie ein tiefes, großes Loch in den Schnee gegraben, um sich und ihre Kinder unter der isolierenden Schneedecke zu schützen. Auch waren sie innerhalb der ersten Zeit immer in der Nähe der alten Höhle geblieben, um sie als Schlafplatz zu nutzen.

Während fast drei Jahren hatte die Mutter ihren Kindern das Jagen beigebracht, ihnen gezeigt, dass Packeisfelder und Eisspalten beste Jagdbedingungen bieten. Gleichzeitig hatte sie ihre Kinder vor dem eisig kalten Wasser gewarnt, weil die Fettschicht, die den Körper der Eisbären wärmen soll, im Kindesalter noch nicht ausgebildet ist, und auch, weil es schwierig ist, im Wasser Robben oder Walrosse zu erbeuten. Stundenlang lehrte die Mutter ihre Eisbärenkinder an den Eislöchern auszuharren, bis sich eine Robbennase an der Wasseroberfläche zeigte.

Bald standen die Eisbärenkinder ihrer Mutter in nichts mehr nach. Sie waren zu ebenbürtigen Jägern herangewachsen, die ihrer Mutter beweisen wollten, dass sie von nun an ihr Leben auf der weißen Erde selbstständig meistern konnten.

***

Viele Monate waren vergangen, in denen Nanuk nichts mehr gegessen hatte. Auf lange Zeit schon war er allein unterwegs. Er war es müde geworden, tagelang an den Eislöchern auszuharren und vergeblich auf Robben zu warten. Große Teile der riesigen Eisschollen waren geschmolzen oder abgedriftet. Die Unendlichkeit der weißen Erde hatte sich im dunklen Wasser aufgelöst. Seine Lebensgrundlage war verschwunden.

Hungrig, abgemagert und schwach, wie er war, entschloss sich Nanuk, zum Festland zu schwimmen. Die starke Strömung jedoch bereitete ihm große Mühe, das Festland schien einfach nicht näher kommen zu wollen und unerreichbar zu bleiben. Sollte auch er sich mit dem dunklen Wasser vereinen?

Aber gerade, als er völlig entkräftet zu ertrinken drohte, spürte er etwas unter seinen Füßen. Es fühlte sich anders an als das, was er gewohnt war – er brauchte seine Krallen nicht, um sich daran festzuhalten. Erschöpft legte er sich auf diese neue Erde, die sich so fremd anfühlte und so anders.

Nichts anderes hatte er gekannt, nichts anderes hatte er geliebt und nichts anderes hatte er gelernt, als sein Leben auf einer endlosen weißen Weite zu verbringen. Er fühlte sich als Teil davon. Doch jetzt musste er sein Zuhause aufgeben. Zu stark war der Hunger geworden – und das Fundament seines Lebens abhandengekommen. Seine Heimat hatte ihm die Nahrung verweigert und keine Geborgenheit mehr gewährt.

Aber jetzt gerade wollte er sich mit dieser fremden Erde nicht auseinandersetzen, nicht daran denken ... er wollte nur noch schlafen. Und er beschloss, nicht wach werden zu wollen – zu groß war seine Furcht vor dem neuen Unbekannten, obwohl ihm seine Nase längst verraten hatte, dass in unmittelbarer Nähe etwas Essbares sein musste. Immer noch verharrte er auf derselben Stelle.

Einzig die Sonne hat die Kraft, das Leben aufzuwecken oder den Tag zu beenden, hatte ihm damals seine Mutter erzählt.

Aber vielleicht hat die Sonne ja eine farbige Schwester?, überlegte Nanuk, als er schließlich doch vollends wach wurde und in die Sonne blinzelte. *Nichts hier ist eisig und weiß.* Er staunte über die unendliche Weite – über die Hügel mit den unterschiedlichen Vegetationen, die farbenreichen Pflanzengesellschaften, die auf den jeweiligen Höhen wuchsen. Wie übereinandergeschichtete Stockwerke erschienen ihm die mächtigen Felsformationen, die von Wäldern, Flüssen, niederwüchsigen Zwergstrauchheiden, Latschengebüschen, Pflanzendecken und treppenartigen schütteren Rasenstrukturen umgeben waren.

Aber Nanuk wollte keine Vergleiche ziehen zu seiner Welt. Dazu war er noch nicht bereit. Er wollte nur dem Geruch nachgehen, um seinen Hunger zu stillen. Bald hatte er die Stelle gefunden. Ein riesiger Fluss ergoss seine gewaltigen Wassermassen über ein steiles Gefälle ins Meer. Dieser turbulente Wasserfall war prall gefüllt mit Lachsen, die sich stromaufwärts kämpften, exakt zum Ort ihrer Geburt, um dort zu laichen. Und direkt neben dem Wasserfall fand Nanuk eine große Menge Überreste von gefangenen Lachsen, Vögeln und deren Eiern. *Das Nahrungsangebot auf dieser neuen Erde ist reichhaltig. Die Erde scheint hier nicht nur Erde zu sein – die Landschaft ist wirklich fremd und anders,* dachte Nanuk.

Längst hatte er seine Verwandten gewittert. Längst hatten die Braunbären ihn gewittert. Das gegenseitige Beschnuppern war wachsam und eher misstrauisch verlaufen. Durch ihre distanzierte und ablehnende Haltung hatten ihm die Braunbären zu verstehen gegeben, dass die Gastfreundschaft nicht gewährleistet war.

Viele volle Monde hatten einander abgelöst. Nanuk hatte sich Mühe gegeben, die Regeln der Braunbären zu respektieren und sie, um von ihnen zu lernen, nur aus großer Distanz zu beobachten – sich jedoch von ihrem Territorium fernzuhalten. Er versuchte, die Fangtechniken, das Verhalten und die Lebensweise der Braunbären zu übernehmen und sich der neuen Umgebung und dem Klima auf dem Festland anzupassen. Dabei kam ihm sein erlerntes Jagdverhalten zugute – das stundenlange Ausharren an den Wasserlöchern, welches ihm seine Mutter beigebracht hatte. Bald fühlte er sich im Klettern und im Jagen nach Wirbeltieren, Nagetieren und Fischen seinen Artgenossen ebenbürtig.

Sein Leben in dieser anderen Welt fühlte sich bunter an und vielfältiger. Trotzdem war es nicht die Welt in Farbe – jene Welt, die er sich so sehr vom Christkind gewünscht hatte. Seine Gedanken blieben gefangen in seiner alten Welt, die nun unerreichbar schien. Selbst die Grube, welche er mit Gras, Laub, Farn, Moos und Flechten ausgestattet und gepolstert hatte, vermochte er nicht mit seiner wohlig warmen Schneehöhle von früher zu vergleichen.

Einzig der Regenbogen brachte es wohl fertig, die weiße Erde mit dem Festland zu verbinden, doch selbst ihn konnte er nicht zu seinem Verbündeten machen, weil er zu weit entfernt war und sich seine Wünsche mit den Regentropfen in den Wasserpfützen auflösten. Nur die farbige Schwester der Sonne schien die Vergleiche wegzulassen. Seine Existenz unter dem Strahlen der Sonnenschwester jedoch war eine andere, eine einsame und seltsame.

Er fühlte sich ausgegrenzt und war sich selbst fremd geworden. Er hatte seine Seele auf der weißen Erde zurückgelassen.

Er haderte mit dem Christkind.

Früher als an den letzten Tagen hatte sich Nanuk an diesem Abend in seine Erdgrube zurückgezogen. Er liebte die blaue Dunkelheit der Nacht, das unendliche Dach des Sternenhimmels und die einsame Stille, welche ihn in seine Träume begleiten würde. Aber es war nicht die gleiche Stille heute – der Wind unterbrach sie immer wieder. Er schob sogar die schweren Schneewolken, die sich gebildet hatten, vor sich her, so mächtig, dass selbst das Rauschen des Wasserfalls weggetragen wurde. Immer dichter und schneller und wie lauter kleine Kunstwerke fielen nun die gefrorenen Schneekristalle vom Himmel, und bald schon fügten sie sich zu großen, dicken Schneeflocken zusammen.

«Wie schön sie sind», freute sich Nanuk, «als wären es leuchtende Sterne, die vom Himmel fallen!»

Wieder dachte er an seinen Wunsch an das Christkind – aber nicht hadernd diesmal. Er war einfach nur dankbar dafür, diese winzigen Kreationen – alle einzigartig – bestaunen zu dürfen. *Wie kleine Gestalten, die jemand geformt hat*, dachte er.

Zugleich machte er sich große Sorgen. Er hatte beobachtet, dass sich die Braunbären noch keine Fettreserven für die Winterzeit zugelegt hatten. Unbedacht hatten sie die Wochen, in denen es weder richtig Tag noch Nacht war, genießen wollen. Die Zeit, in welcher das Dämmerlicht die Nacht zum Tag macht und umgekehrt, war jedes Jahr etwas Besonderes. Ohne Fettreserven – das wusste Nanuk – würden die Braunbären die lange Winterruhe nicht überleben. Er hatte beobachtet, wie die Grizzlymütter ihren Bärenkindern wichtige Verhaltensweisen vorlebten, um an die beste Nahrung zu gelangen. Die kleinen Bärenkinder jedoch wollten lieber spielen als Fische zu fangen oder unter alten, morschen Wurzeln nach Käfern, Schnecken, Würmern und Larven zu suchen.

Nanuk kannte die Schlafplätze der Braunbären. Es war ihm nicht verborgen geblieben, wie sehr sie darauf bedacht waren, ihre Rückzugsorte nur in Erdgruben, Felsspalten oder Höhlen an trockenen, witterungsgeschützten Stellen anzulegen – aber auch, dass sie noch keinen Futtervorrat für die kalte Zeit während des eisigen Winters angelegt hatten.

Die Schneedecke auf dem Boden wurde immer dichter, eisiger und höher. Selbst die Landschaft an der Küste und ein großer Teil des Wasserfalls waren zugefroren – und die Rückzugsorte der Braunbären mittlerweile zugeschneit. Das blaue Licht von Eis und Mond beleuchtete eine verzauberte Landschaft, als wäre die Welt an diesem Ort stehengeblieben.

Nanuk ahnte, was dieser plötzliche Wintereinbruch und die eisige Kälte bedeuteten. Er dachte daran, dass sein Hunger ihn an diesen Ort getrieben hatte – den Ort, den er sich vom Christkind gewünscht hatte –, und er entsann sich all dessen, was seine Mutter ihm beigebracht und vorgelebt hatte.

Er wusste, dass sein dicker Pelz trocken bleiben würde und dass das arktische Eiswasser ihm nichts anhaben konnte, und so machte er sich auf den Weg. Schon während der Sommerzeit hatte er die versteckten Mulden und Ruheplätze der Landtiere ausfindig gemacht. Zudem half ihm seine Nase, die Atemlöcher und Aufenthaltsorte seiner Beute aufzuspüren.

Während vieler Wochen harrte Nanuk an den Eislöchern, Mulden und Ruheplätzen aus, erbeutete Robben, Seelöwen, Polarfüchse, Kleinsäuger und Schneehasen, um am Ende des Tages seine reichhaltige Beute direkt vor die eingeschneiten Erdgruben, Felsspalten und Höhlen der Braunbären zu legen. Dabei erinnerte er sich an sein altes Zuhause und was es bedeutete, Hunger zu haben.

Vielleicht sollte man keine Wünsche haben, dachte er, als er in einer klaren Nacht vor seiner Höhle saß und die leuchtend roten Bänder der Nordlichter betrachtete. Als hätte sich die klirrende Eiszeit eine Auszeit genommen, so fühlte es sich gerade an. Die Braunbären hatten an diesem Tag ihre Erdlöcher, Höhlen und Felsspalten nicht nur so weit zugänglich gemacht, dass sie die lebensrettende Nahrung hineinbefördern konnten – sie hatten ihre Eingänge auch vom eisigen Schnee befreit und geöffnet.

Ob dies bedeutete, dass sie ihn nun willkommen heissen wollten?

Nanuk war glücklich. *Die Erde kann weiß sein und bunt zugleich*, dachte er. Das Christkind hatte ihm seinen Wunsch erfüllt – auf seine Weise.

Weihnachtszauber
von Rachel Acklin

Bist du bereit für ein wenig Weihnachtszauber? Bereit, dein Herz berühren zu lassen? Denn diese Geschichte, dass verspreche ich dir, ist voller Magie. Sie beginnt mitten im Dorf von Einsiedeln.

Heiligabend stand vor der Tür. Draußen zeigte sich die Natur im schönsten Winterkleid. Jeanette, Mama von vier erwachsenen Töchtern und tollen Großkindern, genoss ihre Pension.

Ein paar Tage vor dem 24. Dezember klingelte ihr Telefon. Es war ihre Tochter Nadja. «Mama, ich möchte nicht, dass du am 24. Dezember allein zu Hause bist. Wir laden dich gern am Heiligen Abend ein.»

Voller Freude bereitete sich Jeannette vor. Sie suchte nach einer passenden Weihnachtsgeschichte für ihre beiden Großkinder, die sie am Abend gern vorlesen wollte. Auch wusste sie genau, was sie ihrer Tochter zu Weihnachten schenken wollte – ein Geschenk für das Herz, ein Lichtblick für ihre Tochter: eine Kerze, ein Friedenslicht. Eine Erinnerung an ihren Vater, der nun im Himmel über sie wacht.

Jeannettes größte Herausforderung wird jedoch sein, das Friedenslicht heil von Einsiedeln nach St. Gallenkappel zu transportieren. Ganze 40 Autominuten mit Kurven, Ampeln, Kreuzungen und weiteren Herausforderungen standen ihr bevor.

Am 24.Dezember war es so weit. Jeannette packte ihr Gepäck ins Auto und war nun fast startklar. Und nun zu ihrer größten Herausforderung: Wie transportiert man als Fahrerin ganz allein eine Kerze mit dem Friedenslicht von Einsiedeln nach St. Gallenkappel? Dazu brauchte es schon eine Portion Mut und vor allem ganz viel Vertrauen, nicht wahr?

Jeannette nahm eine Laterne, stellte die Kerze mit dem Friedenslicht hinein, öffnete mit einem mulmigen Gefühl im Bauch die Autotür auf der Beifahrerseite, stellte vorsichtig die Laterne auf den Sitz und polsterte alles rund um die Laterne möglichst gut aus.

Dann startete sie den Motor und brach zur herausforderndsten Reise ihres Lebens auf.

Sie durchquerte Einsiedeln und alles ging zunächst gut. Aber wie heißt es so schön? Unverhofft kommt oft. Der Wagen vor ihr hielt plötzlich an und zwang Jeanette zu einer Vollbremsung. «Nein! Nein! Mein Friedenslicht!» *Es ist bestimmt erloschen*, dachte sie traurig, schaute vorsichtig nach rechts – und staunte nicht schlecht: Die Flamme der Kerze brannte friedlich vor sich hin, als wäre nichts passiert. Was für eine Erleichterung!

Die Fahrt konnte also weitergehen, und auf der Autobahn lief alles prima. Doch ganz unerwartet musste Jeannette in der Autobahnausfahrt ein weiteres Mal heftig bremsen. Sie schaute auf den Nebensitz: Die Laterne rutschte hin und her, und ihr blieb fast das Herz stehen. *Ojemine, es wird bestimmt bald ausgehen! Kein Licht für Nadja*, dachte sie traurig.

Sie fuhr weiter und wandte sich in Gedanken an ihren verstorbenen Mann: *Gäll, Ruedi? Wenn du möchtest, dass dieses Friedenslicht unsere Tochter Nadja heil erreicht, dann soll es so geschehen.* Dann sprach Jeannette während der Weiterfahrt zu den Engeln: «Bitte, liebe Engel, ihr wisst, wie wichtig es mir ist, dass meine Tochter dieses Friedenslicht bekommt.»

Und schließlich hatte sie St. Gallenkappel erreicht. *Endlich fast am Ziel!*, dachte sie. Doch ihr Abenteuer war noch nicht zu Ende. Es war wie verhext. An einer Kreuzung musste sie ein drittes Mal heftig bremsen! Jeannette wurde kreidebleich. «O nein, meine Kerze! Das Friedenslicht! Unser gemeinsames Geschenk für Nadja! Sie ist bestimmt erloschen!», rief sie verzweifelt. Sie fuhr dennoch weiter, parkierte das Auto vor dem Haus ihrer Tochter. Ihr Herz raste wie verrückt. Sie spürte den Puls in ihrem Hals. Als sie den Motor ausgeschaltet hatte, ließ sie die verschwitzten Hände in den Schoß fallen und traute sich nicht, zu der Kerze hinüberzusehen.

Traurig stieg sie schließlich aus dem Auto und dachte: *Alles ist aus. Kein Friedenslicht für Nadja.* Dann ging sie mit langsamen Schritten um das Auto herum zur Beifahrerseite, legte die Hand an den Türgriff und schloss die Augen, während sie den Wagenschlag öffnete. Ihr Herz raste immer schneller, dann schaute sie hin – und traute ihren Augen nicht: Die Kerze mit dem Friedenslicht brannte noch immer.

Ihre Flamme leuchtete stetig, hell und warm, als wäre nichts passiert, und vor lauter Freude kamen Jeanette die Tränen.

Das ist Weihnachtszauber!

Das Lächeln des Herzsterns
von Pasquale Lovisi

Hoch im Himmel, da, wo wir manchmal sein möchten, lächeln die Sterne zusammen mit den Engeln, und sie senden uns von ganz oben viel Liebe. Die Liebe und das Lächeln senden sie in unsere Herzen. Das Lächeln, das in unsere Herzen dringt, ist ein Zeichen der Offenheit dem anderen gegenüber, denn es spiegelt die Gabe der versöhnten Seele wider, die viel wertvoller ist als viele nutzlose und leere Worte.

Sie sagt uns, dass das Lächeln die Öffnung des eigenen Ichs ist, weil es die Gabe der Liebe und des Teilens zum Ausdruck bringt. Aber das funktioniert leider nicht immer.

Am stärksten spürst du es im Dezember nach Sankt Nikolaus. Die Sterne funkeln so stark, und die Engel erobern unsere Herzen.

Wenn du dann in den Himmel schaust, schaust du mit deinem Herzen. Dann siehst du deinen Engel, wie er lacht und strahlt und dir tausend Sterne direkt in dein Herz sendet. Und du wirst ruhig und mit positiven Kräften gestärkt.

Du erinnerst dich an deine Kindheit. Familie und Freunde werden wieder wichtig, du spürst deine Seele und den Stern der Liebe in deinem Herzen.

Wenn die Liebe, die Kraft der Engel, das Lächeln des Herzsterns und der Respekt vor Mensch, Tier und Umwelt zusammenkommen – dann ist für mich Weihnachten.

Ein Tisch voller Engel
von Martina Küng

Es ist *Zibelemärit* in Bern. Die Frau läuft zwischen den vielen Ständen einher. Einige werden bereits abgeräumt. Normalerweise steht man früh auf, um diesen besonderen Tag in der Hauptstadt zu erleben. Doch der *Märit* ist nicht das eigentliche Ziel der Frau. Die fröhlichen Menschen sind nur die Kulisse für ihren Weg. Bern ist schon lange nicht mehr ein Ort, an dem sie oft ist, obwohl sie die Stadt innig liebt und so viele Erinnerungen an sie hat. Aber unterdessen lebt sie weit weg, und es verschlägt sie kaum noch hierhin. Und der Besuch heute ist von einer gewissen Schwermut überlagert. Sie ist auf dem Weg zu einem Krankenbesuch.

Unterwegs kauft sie Zwiebelzöpfe für die ganze Familie. Das muss sein, wenn sie schon mal wieder an diesem Tag hier ist. Und dann noch von den farbigen Zwiebelketten, die nicht aus Zwiebeln, sondern aus in buntes Plastik gehüllten Bonbons bestehen. Kindheitserinnerungen. So oft ist sie mit ihrer Mutter und ihren Geschwistern hier gewesen und hat sich immer über die Ketten gefreut. Aber nur die mit Pfefferminzgeschmack. Die anderen Bonbons schmeckten ihr früher nicht.

Gern wäre sie auch heute mit ihrer Mutter hier. Doch die liegt in einem Spitalbett und erholt sich von einer schweren Operation. Krebs. Schon wieder. Diese blöde, hinterlistige Krankheit, die alles auf den Kopf gestellt hat. Ausgerechnet so kurz vor Weihnachten. Wie soll einem da festlich ums Herz werden, wenn man in so großer Sorge ist?

Beladen mit den fünf Zwiebelzöpfen geht sie weiter. Um sie herum wird getratscht, gelacht, gespielt und angestoßen. Immer wieder muss sie großen Menschenansammlungen ausweichen. Die Fahrt mit dem Tram wäre sicher bequemer gewesen, doch einen Spaziergang durch ihr geliebtes Bern lässt sie sich auch diesmal nicht nehmen.

Die Läden haben ihre Schaufenster bereits weihnachtlich dekoriert. Es ist immer wieder schön zu sehen, was sie sich alles einfallen lassen, um ihre Ware möglichst festlich in Szene zu setzen. Die Frau läuft vorbei an den haltenden Trams, über die Brücke den Hügel hoch. Durch ein Quartier mit alten Herrenhäusern. Hier ist es mehr noch Herbst als Weihnachten. Die Laubbäume stehen in ihrer Farbenpracht in den Vorgärten und Zufahrten. Das Treiben des *Märits* ist nur noch ein Grummeln im Hintergrund.

Immer näher kommt sie dem Spital, und sie wird nervös. Sie möchte ihrer Mutter Freude bereiten mit ihrem Besuch. Ihr Hoffnung spenden in dieser schwierigen Zeit. Sie auch ein wenig auf andere Gedanken bringen. Doch sie hat keine Ahnung, was sie erwartet, denn seit der Operation hat sie die Mutter nicht mehr gesehen.

Als sie das Spital erreicht, erwartet die Mutter sie eingemummelt in eine warme Winterjacke vor der Vogelvoliere. Die beiden Frauen spazieren ein wenig durch den spitaleigenen Park. Auf einer Empore machen sie halt und schauen über die Stadt. Auch von hier aus sieht man das Markttreiben, und sie kommen ins Schwärmen darüber, wie schön der *Zibelemärit* doch ist. Aber die Mutter ist noch zu schwach, um die wenigen Minuten zu den Ständen hinunterzugehen, und begnügt sich mit dem Zuhören und Zusehen aus der Ferne, um ihre eigenen Erinnerungen daran aufleben zu lassen. Irgendwann, so nimmt sie sich vor, wird sie aber wieder dort herumlaufen und genießen, was der Markt zu bieten hat.

Als die beiden zurück ins Krankenzimmer gehen, steht dort ein ganzer Tisch voller Engel – Schutzengel, die die Mutter alle für ihre Operation geschenkt bekommen hat. Sie sollen sie beschützen und schauen, dass sie schnell wieder gesund wird. So viele Menschen haben an die Mutter gedacht und ihr ein Engelein für ihre Operation mitgegeben. Und sie alle sind tatsächlich mitgekommen und liegen, stehen, hängen nun da, wo die Mutter sie von ihrem Bett aus sehen kann. Zusammen mit dem Blumenstrauß mit Christbaumkugeln kommt so sogar etwas weihnachtliche Stimmung im Krankenzimmer auf.

Die Zeit vergeht wie im Flug. Das Ablenken funktioniert wunderbar. Es werden Weihnachtsgeschenke organisiert und Pläne für das Familienfest am 24. Dezember gemacht; die Frau wird die Krippe aufstellen, ihre Geschwister kümmern sich um den Baum und der Vater um das Essen. Während die beiden sich der Vorfreude auf dieses doch etwas spezielle Weihnachtsfest hingeben und versuchen, das Beste daraus zu machen, schauen sie dem Eindunkeln über der Stadt zu. Die Engel wachen über sie. Und plötzlich weiß die Tochter, dass alles gut wird.

Irgendwann ist es Zeit zu gehen. Sie läuft zurück zum Bahnhof. Die Marktstände sind jetzt abgebaut, und gerade wird die Straße gekehrt. Ein passenderes Ambiente für ihre Melancholie nach diesem Besuch hätte es gar nicht geben können. Sie steuert das große Kaufhaus an, in dessen Schaufenstern immer schon die tollsten Ausstellungen zu sehen waren. Früher hat sie oft mit ihren Geschwistern und der Mutter kleine Kinderewigkeiten davorgestanden, und alle haben sich kaum sattsehen können an den schönen Dekorationen.

Jetzt steht sie allein hier. Ihre Mutter musste sie fürs Erste zurücklassen. Ach, könnte sie doch nur noch einmal ein kleines Kind sein, das an der Hand seiner Mutter durch diese Stadt läuft und aus dem Staunen nicht herauskommt. Das Erwachsenwerden hat so viele Illusionen zerstört und einiges an Schwere mit sich gebracht.

Und doch braucht es nur ein Pfefferminzbonbon auf der Zunge, ein Schaufenster voller musizierender Plüschtiere und einen Nachmittag mit der eigenen Mutter, um die Erinnerungen, die im Herzen gespeichert sind, wieder wachzurufen. Denn ein kleines Stück Magie ist geblieben. Auf einem Tisch in einem Krankenzimmer. In Gestalt vieler kleiner und großer Schutzengel, die Kraft spenden und einem zeigen, dass man nie allein ist.

Mein allererstes Weihnachtslied
von Dechen Shak-Dagsay

«Stille Nacht, heilige Nacht, alles schläft ...» – so hieß das allererste Weihnachtslied, das in mir immer noch schöne Erinnerungen wachruft. Für ein dreijähriges tibetisches Mädchen, das mit seiner Familie das erste Mal in der neuen Heimat in der Schweiz die Adventszeit feierte, war dies ein prägender Moment. Wir lebten damals im sogenannten Tibeterheim in Unterwasser am Fuße des berühmten Schweizer Berges Säntis (2501 m. ü. M.) im Toggenburg, wo unsere 36-köpfige tibetische Flüchtlingsgruppe, bestehend aus ungefähr sechs Familien, Waisenkindern und einem geistlichen Lehrer, im Mai 1963 ein neues Zuhause gefunden hatte.

Heute stelle ich mir vor, wie aufregend, aber vermutlich auch ein bisschen eigenartig es für die kleine Gemeinde im Toggenburg gewesen sein muss, plötzlich eine große Gruppe Menschen aus dem asiatischen Raum bei sich zu haben. Ausgerechnet aus Tibet, von dem vermutlich nur wenige jemals etwas gehört hatten. Im Gegensatz zu heute war es damals in der Schweiz nämlich eine große Ausnahme, wenn jemand bis nach Asien reiste. Entsprechend erwartete man die Tibeter mit großer Neugier und Spannung. Einige dachten gar, es seien richtige Lamas, die ankommen würden, und waren enttäuscht, dass es sich dabei um geistliche Lehrer und nicht um die Tiere aus Südamerika handelte. Aber es dauerte nicht lange, und die Tibeter gehörten zum Dorfbild von Unterwasser. Das Schöne war, dass sie langsam die Herzen der Dorfbewohner gewannen – trotz ihrer Andersartigkeit.

Es war für die Gruppe eine komplette Umstellung der Lebensweise, die sie aus Tibet gewohnt waren. Langsam gewöhnten sie sich an ihre neue Umgebung, lernten die Sprache und die Sitten der Schweizer kennen. Das Klima in der Schweiz entsprach ihnen viel mehr als die Hitze in Indien, wo sie während einigen Jahren nach ihrer Flucht aus Tibet gelebt hatten. Viele Tibeter waren nicht nur auf der Flucht, sondern auch danach in der sengenden Hitze Indiens gestorben. So ist es nicht verwunderlich, dass sie das Gefühl hatten, sie seien im Paradies, als sie in der Schweiz ankamen.

Sie waren nun in Sicherheit, hatten alle ein Zuhause, genügend zu essen, und es gab fließendes Wasser im Haus, das aus einem Wasserhahn kam. Die Flucht aus Tibet hatte sie buchstäblich aus mittelalterlichen Lebensumständen in ein neues Zeitalter katapultiert. Die Schweizer schätzten die hohe Arbeitsmoral der Tibeter und ihre ansteckende Lebensfreude und Weisheit, die sie aus ihrem tiefen Glauben an Buddha und seine Lehren schöpften. Die Tibeter ihrerseits waren der Schweizer Bevölkerung zutiefst dankbar und gaben sich große

Mühe, sich an ihr neues Gastland anzupassen und die Schweizer nicht zu enttäuschen. Trotzdem gab es natürlich immer wieder Momente, in denen die Tibeter ihre gewohnte Hauptnahrung, den *Tsampha*, das geröstete Gerstenmehl, ihren gesalzenen Buttertee oder ihr getrocknetes Yakfleisch vermissten. Am schlimmsten war das Heimweh nach den geliebten Menschen, die sie hatten zurücklassen müssen und von denen sie für lange Zeit nicht wussten, ob sie überhaupt noch lebten.

Sie lernten nach ihrer Ankunft die Schönheit des Sommers, die Farbenpracht des Herbstes und die Frische des Winters in der neuen Heimat kennen. Als der Winter einzog und bereits viel Schnee auf den Hängen des Tales lag, kündigte die Heimleitung das Weihnachtsfest an. Am 25. Dezember freuten sich alle, mit den Menschen aus dem fernen Tibet Weihnachten feiern zu können. Vermutlich hatte die Mehrheit der Tibeter noch nie in ihrem Leben etwas über das Christentum gehört. Die Heimleiterin erklärte, dass Weihnachten das Fest sei, an dem die Geburt Jesu, des Gottessohnes, gefeiert werde und dass es das Fest der Liebe sei. Ah, dachten die Tibeter, das ist für die Christen genauso bedeutsam wie bei uns das *Saga Dawa Fest*, an dem die Buddhisten die Geburt, die Erleuchtung und den Tod von Buddha feiern. Das findet jeweils immer am Vollmondtag, also am 15. Tag des 4. Monats des Mondkalenders statt, ein Datum, das meistens auf den Monat Mai fällt.

Sie fanden die Geschichte von Jesus wunderschön, und ich erinnere mich, wie meine Eltern Jesus stets respektvoll einen großen *Bodhisattva* nannten. Ein *Bodhisattva* ist bei uns die Vorstufe zu einem Buddha, der durch die Kultivierung von grenzenlosem Mitgefühl für sämtliche Wesen und die Erkenntnis der Leerheit die Erleuchtung erlangt hat – ein Wesen von großer spiritueller Verwirklichung, das sich unermüdlich für das Wohl der anderen einsetzt, indem es ihr Wohl über das eigene stellt.

Mit jedem Jahr konnten die Tibeter die Weihnachtslieder besser mitsingen, und auch ich sang fleißig mit, obwohl ich nicht verstand, was die Wörter bedeuteten. Ich ließ mich von der wunderschönen Musik einhüllen. Viele Jahre später waren es unter anderem auch diese Weihnachtslieder und die schönen Toggenburger Lieder, von denen ich mich inspirieren ließ, als meine Laufbahn als Mantra-Sängerin begann, um die Kraft der Mantras mittels einer neu komponierten Musik den Menschen im Westen zugänglich zu machen.

In meinem Buch *Mantras, Musik & Magic Moments* erzähle ich davon, wie meine Karriere als Sängerin begann und wie mein Gesang der uralten tibetischen Mantras inzwischen die Herzen eines weltweiten Publikums berühren darf. Ich erzähle aber auch die berührende Geschichte meiner Familie, die zugleich die Geschichte vieler Tibeter und Tibeterinnen ist, denen es 1959 gelang, vor der chinesischen Besatzung aus

Tibet zu fliehen, um sich irgendwo auf dieser Welt fernab ihrer Heimat niederzulassen und zu versuchen, neue Wurzeln zu schlagen. Und ich glaube, es ist mir gelungen, im Buch die friedensfördernde Kraft der Weisheitslehre Tibets für den Frieden auf unserer Welt zu beschreiben.

Der Schweizer Geologe Dr. Toni Hagen, der sich damals in Nepal aufhielt, um im Himalaya Vermessungsarbeiten durchzuführen, und der das Schicksal der Tibeter und Tibeterinnen täglich miterlebte, beschloss – zurück in der Schweiz – den Schweizer Bundesrat davon zu überzeugen, 1 000 tibetische Flüchtlinge aufzunehmen. Dem jungen Geologen gelang es, den ebenfalls aus Tibet geflohenen Dalai Lama in Dharamsala in Nordindien zu besuchen und seine Worte an die Schweizer Regierung auf einem Tonband festzuhalten – die Bitte, seinem Volk zu helfen. Und die Tibeter hatten Glück. Der Bundesrat willigte ein, und die erste Gruppe traf 1961 in der Schweiz ein.

Wir waren in der zweiten Flüchtlingsgruppe, die am 1. Mai 1963 in Zürich Kloten ankam und in Unterwasser, einem beschaulichen bäuerlichen Dorf im Toggenburg in der Ostschweiz, einen neuen Lebensmittelpunkt bekam. Die restlichen Tibeter wurden im Laufe der nächsten zehn Jahre etappenweise aus Indien eingeflogen. Es war für sie alle ein großer Segen, dass Dr. Toni Hagen sich so für sie eingesetzt hatte und dass die Worte Seiner Heiligkeit, dem Dalai Lama, vom Schweizer Volk erhört wurden. Die Schweiz wurde zum ersten westlichen Land, das damals Tibeter aufnahm.

Die Heimleiterinnen waren sehr bemüht, uns möglichst viel von den Sitten und Gebräuchen der neuen Heimat mit auf den Weg zu geben. Meine junge Mutter, meine *Amala*, lernte erstaunlich schnell Deutsch und kam viel zum Einsatz, wenn es darum ging, für die Heimleiterinnen zu übersetzen. Während die Männer bald eine einfache Arbeit im Dorf in Unterwasser gefunden hatten, brachten die Heimleiterinnen den tibetischen Frauen bei, wie man in der Schweiz einen Haushalt führt. Wir hatten Glück mit unserer Heimleiterin, so erzählte mir meine Großmutter *Mola* später. Sie hatte ein großes Herz für die Menschen aus dem Schneeland. Wir hörten aber auch Geschichten aus anderen Heimen, in denen die Heimleiterinnen unsere Mentalität nicht gut verstanden und manchmal etwas überfordert waren. Die kulturellen Unterschiede waren oft einfach zu groß, und die Sprachbarriere machte es auch nicht einfacher.

Die Heimleitung vermutete, dass die Tibeter möglichst lange in ihrer geschlossenen, vertrauten Gemeinschaft zusammenleben würden. So waren sie nicht wenig erstaunt, als die Familien bald den Wunsch äußerten, sich vom Heim zu trennen und auf eigenen Füßen zu stehen. So zog auch meine Familie 1965 nach Ebnat-Kappel in ein kleines Häuschen, das die Besitzerfamilie *Rosenhügel* nannte und das eigentlich ihr Ferienhäuschen war. Sie stellten es uns zu einem niedrigen Mietzins zur Verfügung, und noch heute steht es fast unverändert dort.

Wie waren wir dieser Familie dankbar, und es ist besonders schön, dass wir mit ihren Nachfahren immer noch in Verbindung stehen.

Mein Großvater *Pola* fand eine Stelle als Arbeiter in der *Biokosma*, einer Schweizer Firma, die Kosmetikartikel herstellte. Meine junge *Amala* jedoch war damals ungefähr 21 und hatte ein sehr dramatisches Schicksal hinter sich. Sie hatte ihren Mann, meinen leiblichen Vater, in Tibet verloren und brachte mich nach ihrer Flucht als junge Witwe in Kathmandu zur Welt. So hatte sie zugleich ihren geliebten Mann und ihre Heimat verloren. Das kleine Baby, das sie damals in den Armen hielt, sei ihr einziger Halt und Trost gewesen, erzählte sie mir später. Als sie zusammen mit ihren Eltern und ihrem jüngeren Bruder in der Schweiz eintraf, sah sie einer ungewissen Zukunft in der neuen Heimat entgegen.

Wie glücklich war sie, als ihr trauriges Schicksal doch noch eine Wende nahm. Mit der dritten Gruppe der Flüchtlinge aus Indien, die in der Nähe von Unterwasser einquartiert wurde, und zwar in Ebnat-Kappel, traf ein junger tibetischer Lama ein, der im Auftrag von Seiner Heiligkeit, dem Dalai Lama, als geistiger Lehrer die Gruppe begleitete. Es war eine glückliche Fügung, dass sie sich kennenlernten und sich ineinander verliebten. Meine Großeltern, *Pola* und *Mola*, gaben gern ihre Einwilligung zur Heirat, und meine junge, hübsche *Amala* und ein junger sympathischer Lama gründeten zusammen mit mir, einem inzwischen fast vierjährigen kleinen Mädchen, eine Familie. Wie stolz war ich, als ich plötzlich auch einen *Pala*, einen Vater, hatte. Meine kleine Schwester Dolkar kam 1965 im Rosenhügel-Häuschen in Ebnat-Kappel zur Welt, und meine jüngste Schwester *Dega* wurde dann 1969 im Spital in St. Gallen geboren.

Der Heimleiterin, welche im Herbst 1963 die dritte Gruppe im Tibeterheim in Ebnat-Kappel betreute, verdankt mein lieber *Pala* sehr viel. Während den anderen jungen Männern keine andere Wahl blieb, als eine Arbeit in einer Fabrik anzunehmen, entdeckte die Heimleiterin sehr schnell das zeichnerische Talent und die schnelle Auffassungsgabe des jungen Lamas und setzte alle Hebel in Bewegung, damit er eine Lehre als Bauzeichner in Uznach absolvieren konnte.

Ganz nach tibetischer Tradition war es für uns selbstverständlich, dass meine Eltern, meine Großeltern und mein Onkel *Aschang* Lobsang la zusammenwohnten. Mein Onkel war für mich wie ein älterer Bruder. Er war zwar mein Onkel, aber nur etwa zehn Jahre älter als ich. Für mich war das wunderbar, denn er konnte mir bei den Hausaufgaben helfen und beschützte mich, wenn ich mit den tibetischen, aber auch den Schweizer Lausbuben Ärger hatte.

Das Rosenhügel-Häuschen hatte drei Schlafzimmer, eine Stube und ein Esszimmer. Obwohl es dort, wie in den meisten Häusern damals im Toggenburg, kein fließendes warmes Wasser gab, fühlten wir uns so glücklich wie noch nie. Außerdem hatten wir fließendes kaltes Wasser, und das war bereits der größte Luxus, denn in Tibet musste das Wasser an der nächsten Quelle oder aus einem Bach geholt werden. Als Heizung diente der Kachelofen, der in der Küche mit Holz befeuert wurde und im Winter für eine warme, gemütliche Stube sorgte. Das Einkommen von *Pola* und meiner *Amala*, die als Näherin eine Arbeit in der Hemdenfabrik *Kauf* in Ebnat-Kappel gefunden hatte, reichte dafür, dass wir in diesem Häuschen leben konnten.

Auch wenn es sehr einfach war, schaffte es meine Familie, das Häuschen in eine kleine Oase des Friedens und des Glücks zu verwandeln – wie jeden Ort, an dem sie sich niederließ. Sobald die farbigen *Thankas* an den Wänden hingen, der Altar mit den Buddha-Figuren aufgestellt war und die Räucherstäbchen brannten, fühlten wir uns aufgehoben und beschützt. Wir hatten wunderbare Schweizer Freunde, die eine besondere karmische Verbindung mit Tibet spürten und uns so wohlgesonnen waren, dass sie uns, wo immer sie konnten, halfen, wenn wir ein Problem hatten. Sie konnten sich selber nicht erklären, woher diese tiefe Vertrautheit mit der tibetischen Kultur kam, aber sie fühlten sich einfach aufgehoben und geborgen in der Gegenwart meiner Familie.

Einmal in der Woche war mein Badetag. Meine *Mola* füllte dann einen großen Waschzuber mit warmem Wasser, und ich durfte mein wöchentliches Bad in der Küche nehmen. Das störte mich nicht sonderlich. Das war erst später so, wenn manchmal einer der tibetischen Pflegebuben, die sonst bei ihren Schweizer Pflegeeltern wohnten, bei uns einige Wochen verbrachten, um ihre tibetischen Wurzeln nicht zu vergessen. Es ging mir sehr auf die Nerven, dass einer der Jungs, er hieß *Karma*, gerade dann ständig durch die Küche laufen mussten, wenn ich in dort mein Bad nahm. Er konnte es einfach nicht lassen, und er wusste genau, dass mich das schrecklich ärgerte. Ich sehe immer noch sein verschmitztes Lächeln. Ein anderer Junge, *Tashi*, bekam von seinen Adoptiveltern in Appenzell ab und zu ein *Fresspäckli* mit Süßigkeiten. Ich hoffte natürlich immer, dass er mir etwas abgeben würde. Aber zu meiner Empörung verlangte er immer zuerst einen Kuss von mir, worauf ich mich schnellstens aus dem Staub machte. Die Jungs waren höchstens vier oder fünf Jahre älter als ich – Lausbuben eben. Viele Jahre später konnten wir uns köstlich darüber amüsieren.

Die Schlafzimmer im Häuschen hatten keine Heizung, und entsprechend kalt war es im Winter am Morgen, wenn ich aufwachte, sodass ich meine Kleider direkt im Bett anzog. Obschon ich ein zähes tibetisches Mädchen war, klapperten meine Zähne an jedem Wintermorgen vor Kälte. *Mola* erklärte mir dann immer wieder, wie schön wir es hier hätten. In Tibet müsste ich jetzt nach draußen, um Wasser zum Kochen zu holen. Das verstand ich zwar noch nicht so richtig, aber ich wusste, dass sie es gut mit mir meinte, und außerdem freute ich mich immer auf das liebevoll von ihr zubereitete Frühstück, denn eine Portion Haferflockenbrei mit warmer Milch und etwas Zucker, die auf mich wartete, war etwas so Feines, dass die Welt danach wieder in Ordnung war. Ich habe heute noch die alte Blechtasse aus Emaille mit der hübschen Zeichnung von drei kleinen Mädchen bei mir, aus der ich damals mein Frühstück gegessen habe. Es ist vermutlich der einzige Gegenstand aus dieser Zeit, der mich heute noch begleitet.

Die einfachen Bauernhäuser im damaligen Toggenburg waren alle ähnlich ausgestattet, und auch meine Spielgefährtinnen vom Bauernhof Frischknecht auf der anderen Seite der Hüslibergstrasse hatten noch keine Toilette mit Wasserspülung, sondern ein Plumpsklo mit sorgfältig zugeschnittenen Zeitungsseiten als Klopapier. Wir hatten in unserem kleinen Häuschen am Rosenhügel doch immerhin eine WC-Schale und immer einen Eimer mit Brunnenwasser zum Spülen auf der Seite. Ich ging nicht gern auf das Plumpsklo meiner Freundinnen, denn ich hatte immer Angst davor, in das Loch hineinzufallen. Als ich meiner Mola einmal von meiner Angst erzählte, lachte sie und klärte mich darüber auf, dass es in Tibet nur Plumpsklos gebe.

Gestärkt vom Frühstück machte ich mich dann meist zusammen mit meinem Onkel Lobsang la auf den Schulweg. Damals war es noch üblich, dass die Mädchen wollene Strumpfhosen, ein Röckchen und darüber eine Schürze trugen. Ich ging in die erste Primarklasse. Mein Schulweg führte vom Rosenhügel über einen schmalen Wiesenpfad zuerst zur Hüslibergstrasse und diese den Hang des Tales entlang ins Dorf von Ebnat-Kappel mit den damals etwa 3 000 Einwohnern. Nach rund anderthalb Kilometern erreichte man die reformierte Kirche, wo sich meine Schule befand. Im Sommer weideten auf dieser Wiesenstrecke viele Kühe, vor denen ich große Angst hatte. Ich hielt immer den Atem an und hoffte, dass mich keine von ihnen verfolgen würde. Ich hatte immer das Gefühl, dass sie mich mit ihren großen braunen Augen ständig beobachteten.

Mein Onkel *Aschang* Lobsang la besuchte die Sekundarschule im Dorf, und im Winter, wenn der Schnee fiel, war es seine Aufgabe, für uns alle einen Pfad auf der ca. 200 Meter langen Strecke bis zur Hüslibergstrasse freizuschaufeln, damit wir zur Straße gelangen konnten. Regelmäßig fiel im Toggenburg meterhoher Schnee, und es gab damals noch keinen öffentlichen Schneeräumdienst von der Gemeinde. Alle Bauern schaufelten sich ihren Pfad bis zur Straße selber frei. Die Schulkinder aus der Umgebung, meist Bauernkinder, fuhren auf ihren Holzschlitten der Hüslibergstrasse entlang ins Tal. Heute staune ich über mich selber, dass ich wie die anderen Bauernkinder ohne jegliche Angst die zum Teil steile und stellenweise sogar vereiste Straße hinuntergeschlittert bin.

Manchmal schneite es tagsüber unaufhörlich, sodass der Pfad eingeschneit war, wenn ich von der Schule nach Hause kam. Die letzten 200 Meter konnten dann für ein kleines Mädchen wie mich mit meinen gerade einmal 1.15 Metern recht gefährlich werden. Einmal, als ich im tiefen Winter auf dem Heimweg von der Schule war, tobte ein Schneesturm, und diese 200 Meter trennten mich von meinem Zuhause, wo meine *Mola* ganz besorgt auf mich wartete. Ich erinnere mich, dass ich verzweifelt den Pfad suchte, auf dem ich am Morgen hergekommen war. Er war nicht mehr zu sehen, und als ich durch den tiefen Schnee stapfte, spürte ich, wie ich mit jedem Schritt tiefer einsank. Plötzlich steckte ich bis zum Hals im Schnee und die Flocken fegten mir eiskalt übers Gesicht. Ich hörte, wie der Wind blies und den Schnee herumwirbelte, ich sah nichts mehr und fing an, laut nach meiner *Mola* zu rufen.

Aber mein Glück wollte es, dass jemand, der zufällig in der Nähe war, meine Schreie hörte. Ich merkte nur, wie ich plötzlich aus dem Schnee gezogen wurde. Leider weiß ich nicht mehr, wer es war. Aber es muss jemand vom Bauernhof Ambüehl gewesen sein, der mich auf seinem Rücken zum Häuschen trug und nach Hause und in die Arme meiner besorgten *Mola* brachte. Der liebe Bauer meinte zu ihr, ich hätte einen guten Schutzengel gehabt. Wie recht er hatte! Vielleicht ist das auch einer der Gründe, weshalb ich zu den Menschen im Toggenburg eine besondere Verbindung habe.

Bald fand mein lieber *Pala* ebenfalls eine Arbeit, und so konnten wir uns eine kleine Wohnung im Dorf an der Ebnaterstrasse leisten, von wo der Schulweg nicht mehr so weit und abenteuerlich war. Wieder hatten unsere Schweizer Freunde uns geholfen, diese Wohnung zu finden, und sie freuten sich mit uns über den Einzug in eine Wohnung mitten im Dorf – dieses Mal mit fließendem warmen und kalten Wasser. Es hatte sogar ein Badezimmer mit einer Badewanne und einem Boiler, und so konnten wir sogar das Badewasser erhitzen. Dazu musste man das Gas aufdrehen und mit einem Zündhölzchen den Boiler anzünden – was für ein Luxus.

Inzwischen war meine kleine Schwester *Dolkar* etwa vier Jahre alt und das dritte, das kleinste Schwesterchen, *Dega*, war ungefähr ein halbes Jahr alt. An Weihnachten schmückten *Amala* und *Pala* einen Weihnachtsbaum, und sie hielten an dieser Tradition jahrelang fest. Sie lehrten uns, dass wir auch als Buddhisten die Geburt Jesu mitfeiern dürfen und ihn als Vorbild für einen wunderbaren *Bodhisattva* betrachten können.

Was mich bis heute noch berührt, ist die große Zuneigung der Schweizer zu den Tibetern. Trotz unserer völlig anderen Kultur und Glaubenstradition überreichten sie uns zu Weihnachten liebevoll verpackte Geschenke und feine selbstgebackene *Weihnachts-Guetzli*. Als großes Dankeschön verbrachten *Mola* und *Amala* viele Stunden damit, ein tibetisches Gebäck namens *Khapse* zu backen, welches es normalerweise erst zum tibetischen Neujahrsfest im Februar oder März gibt, und es unseren lieben Schweizer Freunden zu schenken. So fand ein wunderbarer Kulturaustausch statt, und meine Großeltern und Eltern pflegten Freundschaften, die ein ganzes Leben lang hielten. Unsere Schweizer Freunde liebten *Khapse*, das mit viel Geschicklichkeit geformt, dann in heißem Öl frittiert und mit feinem Puderzucker bestreut wird.

Heute führen meine beiden Schwestern und unsere Kinder die Tradition des *Khapse*-Backens weiter und werden dabei immer etwas wehmütig. Dann erinnern wir uns gern wieder an die Worte von unserer *Mola*: Zeitlebens meinte sie, es sei das Wichtigste im Leben, stets *Dö Tschung, Tschog Sche* zu kultvieren, was so viel bedeutet wie das Kultivieren von Genügsamkeit und Zufriedenheit.

Heute bin ich davon überzeugt, dass es gerade diese Qualitäten waren, welche die Schweizer so an den Tibetern geschätzt haben. Mögen die Worte von *Mola* uns weiterhin begleiten und für uns alle, egal woher wir stammen oder woran wir glauben, die Basis für Lebensfreude und Glück sein.

Zum offenen Stall
von Franziska Keller

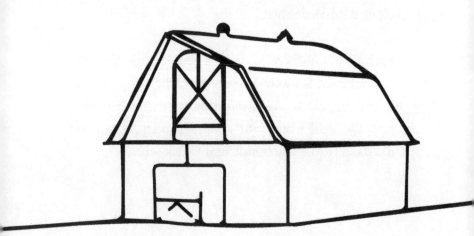

Emma war 25 Jahre alt. Und sie steckte in einer Krise. Sie hinterfragte vieles, war aus einem halbjährigen Auslandaufenthalt zurückgekehrt, musste sich in der Heimat erst wieder einfügen, fühlte sich, als wenn ihre Füße nicht mehr in ihre Lieblingsschuhe von früher passen wollten.

Ihren Job hatte sie vor diesem Aufenthalt gekündigt und auf die Frage ihrer Freunde, wohin sie denn verreisen würde, verriet sie: «Nach Israel, in einen Kibbuz.» Von den meisten erntete Emma für diesen Entscheid einen schrägen Blick.

«Verdienst du da wenigstens etwas oder pflückst du die Oliven und Orangen gratis?» Ums Geldverdienen ging es Emma bei dieser Sache nicht. Dass sie für Kost und Logis arbeitete, musste sie niemandem erklären. Die vor Jahren noch beliebten Kibbuz-Aufenthalte waren inzwischen nicht mehr «in», und das passte zu Emma – war sie denn sonst in irgendeinem Bereich «in»?

Israel statt Amerika

«Spinnst du?», schleuderte Mae ihr ins Gesicht. «Wir wollten doch nächstes Jahr nach Amerika, und jetzt landen deine Ersparnisse in Israel? Also, ich versteh dich nicht, Emma.» Und damit hatte sich ihre Freundin umgedreht und war gegangen.

Emma hatte sich damals selbst nicht verstanden, war einfach einem inneren Impuls gefolgt, als sie in der Mittagspause durch die Altstadt geschlendert war und im Schaufenster eines Reisebüros die Ausschreibung *Reisen Sie mit uns ins Heilige Land* gelesen hatte. *Das ist es,* hatte sie sich gedacht, *genau das will ich tun.* Und ohne das mit irgendjemandem abzusprechen, war die Reise gebucht.

Die Monate im Kibbuz waren mit einem Sozialeinsatz irgendwo zu vergleichen. Jeden Tag musste sie sieben Stunden einer Arbeit nachgehen: Abwaschen, Toilettenputzen, Gemüserüsten, Kinderhüten, Orangenpflücken, Pflanzensetzlinge umtopfen etc. Die Arbeit war einfach und ließ ihr viel Zeit zum Nachdenken. Und dann war der Tag gekommen, an dem sie die eingepackte Bibel aus dem Rucksack nahm. Dieses für sie schwierige Buch, das sie mit neun Jahren von ihren Eltern zu Weihnachten geschenkt bekommen und zu dem sie bisher keinen Zugang bekommen hatte, eröffnete sich ihr auf einmal. Vorsichtig blätterte sie die dünnen Seiten durch und begann im Neuen Testament zu lesen. Sie lernte Jesus kennen.

Auf den Spuren Jesu
Nach dreieinhalb Monaten im Kibbuz packte Emma das Nötigste in einen kleinen Rucksack und stellte sich an die Straße, von wo aus sie über mehrere Wochen hinweg an die Orte ge-

bracht wurde, in denen auch Jesus den Evangelien zufolge unterwegs gewesen war: zur Verkündigungskirche in Nazareth, nach Bethlehem in die Geburtskirche und dem Stern an der Stelle, an der Jesus das Licht der Welt erblickt haben könnte, Betanien, wo er Maria, Marta und Lazarus immer gerne besucht hatte, Kafarnaum, Tagba, Kana, die Straße nach Emmaus, den Ölberg, die Grabeskirche, der See Genezareth und noch andere Orte. Emma war nicht wie eine Touristin oder Pilgerin gereist, sondern hatte sich führen lassen. Es waren bewegende Wochen und unzählige Begegnungen gewesen.

Abschied schweren Herzens

Und nun war Emma also wieder daheim, fühlte sich anders als vor ihrer Abreise, fremd in der Welt, in der sie zuvor eigentlich ganz glücklich gewesen war. Tagelang räumte sie auf, entsorgte ihre Dinge ins Brockenhaus, und ihre Eltern begannen sich ernsthafte Sorgen zu machen.

Viele Stunden lang spazierte sie durch den Wald. Der Herbst hielt Einzug, Emma schlüpfte in ihre warme Jacke und vermisste die israelische Wärme. Sie suchte, wusste selbst nicht, wonach. Eine Aufgabe, die sie erfüllte. Sie wollte nicht mehr achteinhalb Stunden am Tag vor dem Computer verbringen. Sie wollte mit Menschen zusammen sein.

Bauer Oskars Scheune

Langsam ging es dem Advent entgegen, und Emma war wieder auf einen ihrer regelmäßigen Runden. Bei Bauer Meier stand die Scheune offen, die Geräte vom Sommer waren sauber eingestellt. Und auf einmal war sie da, die Idee. Emma ging durch das geöffnete Scheunentor und wusste, was sie hier machen wollte. Oskar, der Bauer, bemerkte, dass eine junge Frau in seiner Scheune verschwunden war und folgte ihr.

«Hallo Oskar!»

«Grüß dich, Emma, was verschafft mir die Ehre deines netten Besuchs?»

«Was machst du mit deiner Scheune im Winter?»

«Hier drin lagern dann unsere Geräte. Warum fragst du?»

«Ich hatte gerade einen Gedankenblitz.»

Da war Emma an der richtigen Adresse. «Für Ideen von jungen Menschen bin ich immer offen, das weißt du», antwortete der Bauer schmunzelnd. Oskar war ein großer Unterstützer des Jugendlokals, des Musikraums und der Pumptracks, die vergangenen Sommer aufgestellt worden waren.

«Was meinst du, wenn wir in deiner Scheune während der Adventszeit die Menschen zu Punsch, Glühwein und einer warmen Suppe einladen?»

«Schöne Idee, zumal mein Hof hier am Ortseingang an einer guten Lage steht. Ich muss nur meine Geräte bei Meier lagern können, sonst wird's zu eng hier drin. Ich klär das ab.»

Oskars positive Reaktion motivierte Emma, sich daheim an ihr Pult zu setzen, um in einem Mindmap alles Wichtige festzuhalten. Innert Kürze stand ein einfaches Konzept mit der Aufschrift Zum *offenen Stall*.

«Als Gegenleistung feg ich dir deine Scheune von unten bis oben sauber», versprach Emma, als Oskar ihr die definitive Zusage überbrachte. Die Geräte wurden zu Bauer Meier gezügelt. Emmas Idee verbreitete sich wie ein Lauffeuer im Ort, und von überall her bekam sie begeisterte Unterstützung.

«Ich back dir Lebkuchen!» – «Ich koch dir dienstags und donnerstags die Suppe!» – «Brauchst du eine geeignete Kaffeemaschine?» – «Ich kann dir einen Teil der Bestuhlung liefern, im Winter ist sie bei uns nur eingestellt!»

Zur gelieferten Bestuhlung kamen verschiedene Loungenischen, weitere Tische und Stühle aus der Brockenstube hinzu. Tischdecken, Weihnachtsschmuck, Lichterketten, Christbäume, Holzsterne und vieles andere mehr zierten die alte Scheune. Innerhalb von drei Wochen war dieses Kind geboren. Ein lieber Freund plottete ihr ein großes Schild, das er ihr in der Nacht vor dem 1. Dezember beleuchtet auf dem Scheunendach anbrachte: Zum *offenen Stall*.

Ein Treffpunkt für alle

Vom ersten Adventstag an kamen kleine und große Besucherinnen und Besucher zu Emma. Morgens trafen sich die Mütter und Väter mit ihren kleinen Kindern, ältere Frauen zum Nachmittagskuchen, nach Feierabend diejenigen, die vor dem

Heimgehen noch einen stärkenden Glühwein genießen und einen Moment die Seele baumeln lassen wollten.

Ganze Schulklassen besuchten die alte Scheune, und am 6. Dezember sogar der Nikolaus. Es gab verschiedene Gründe, um bei Emma im *Offenen Stall* vorbeizuschauen. An diesem Ort herrschte eine ganz besondere Atmosphäre, welche die Gäste in der hektischen Zeit des Advents alles vergessen ließ. Niemand musste den Advent allein daheim verbringen – bei Emma war immer jemand, der einem zuhörte, der redete und lachte.

Da war nichts von Kommerz, Geschenkestress und Werbung. Auf den Tischen standen von Hand geschriebene Karten mit einer Frage oder kurzen Zitaten, die zum Nachdenken anregten. Anstelle Menükarte hingen an den Wänden Schieferplatten, die in liebevoll verschnörkelter Schrift die aktuelle Tagessuppe und den ofenwarmen Kuchen verrieten. Oskars Frau buk frisches Bauernbrot, es gab Punsch in diversen Geschmacksrichtungen, hausgekochten Glühwein, besonderen Adventstee und Kaffee. Jeden Tag brachten fleißige Bäckerinnen und Bäcker ihre selbst gebackenen Kuchen.

Am Sonntag nach dem Gottesdienst kam auch Pfarrer Wulli vorbei. Als er durch die Scheunentür trat und die vielen Leute entdeckte, blieb er erstaunt stehen. «Hier seid ihr also alle!»

«Komm, Herr Pfarrer, setz dich zu uns. Die beste Suppe gibt's bei Emma», lud Oskar ihn ein. An den Tischen wurde geredet, philosophiert und gelacht.

«Emma, wie ist das möglich», fragte die Hirschenwirtin in der dritten Adventswoche, «dass sich die Leute so gerne bei dir in dieser alten Scheune treffen?»

«Was meinst du dazu», fragte Pfarrer Wulli Emma in der dritten Woche, «wenn wir den Gottesdienst am nächsten Sonntag bei dir im *Offenen Stall* feiern würden?»

«Du bist herzlich willkommen, Wulli! Wenn du möchtest, organisier ich dir die Musik.»

Sonntagsgottesdienst in der Scheune
«Wenn ihr nicht zu mir kommt, komm ich halt zu euch», begrüßte der Pfarrer am Sonntag die Menschen, die sich im Stall eingefunden hatten. Es hatte sich natürlich schnell herumgesprochen, dass er am Sonntag hier mit ihnen feiern wollte, und die Leute fanden das gut. Keinen störte es, dass während der Feier die Kaffeemaschine surrte, dass Toni im Suppentopf rührte, dass die Katzen einander jagten und die Kinder lachend durch die Reihen rannten – hier trafen sich Kinder und Erwachsene, hier fand das pure Leben statt, und hier feierten sie zusammen.

Auf den 24. Dezember hin hatte Emma eine ganz besondere Idee, und sie lud Marei und Mike ein, die kurz nach ihrer Rückkehr aus Israel ihren kleinen John bekommen hatten. «Kommt doch zu uns, ihr seid unsere heilige Familie», bat sie die beiden.

Die Kinder durften sich als Engel und Hirten verkleiden, und alle feierten zusammen Heiligabend. Es gab keine Geschenke, die gemeinsame Zeit, das Singen, die Gespräche und das gemeinsame Essen waren Geschenk genug.

«Hier in Emmas Scheune ist Jesus heute zur Welt gekommen», begann Pfarrer Wulli, «Jesus ist vermutlich an einem genauso bescheidenen Ort geboren worden. Er hätte nicht vermarktet werden wollen und möchte nicht nur an Weihnachten bei uns sein, sondern das ganze Jahr über. Er selbst war viel unterwegs und ging zu den Menschen, da, wo sie waren. Ich glaube, Jesus möchte jeden Tag von Neuem in jedem und jeder von uns zur Welt kommen.»

Die Band spielte ein Schlusslied, worauf aber noch lange weitergesungen wurde. Die beiden älteren Damen Luise und Rosa hatten Hunderte von Mailänderli-Sternen gebacken, Emmas Glühwein duftete besonders würzig, Gemüse für mehrere große Suppentöpfe wurden zubereitet. Es wurde für viele Menschen zum schönsten Weihnachtsfest aller Zeiten.

Jesus möchte jeden Tag zur Welt kommen

Wie vereinbart, räumte Emma im Januar die Tische und Bänke beiseite, nahm die Girlanden von den Wänden, fegte den Boden und steckte die Kaffeemaschine aus. Als sie jedoch das Schild vom Dach holen wollte, kam Oskar und hielt sie auf: «Emma, lass das Schild oben.»

Emma warf dem Bauern einen fragenden Blick zu und kletterte vorsichtig wieder vom Scheunendach herunter.

«Emma», begann Oskar, «was wir in diesem Advent in meiner Scheune erlebt haben, war etwas Besonderes. Und ich glaube, die Scheune soll so bleiben.»

«Wie meinst du das?», wollte Emma genauer wissen.

«Der Wulli hat schon recht, Jesus möchte nicht nur an Weihnachten, sondern jeden Tag zur Welt kommen. Ich stell dir die Scheune zur Verfügung, damit sich hier das ganze Jahr über die Menschen treffen können. Meine Geräte lagern ganz gut bei Meier.»

Tränen rannen Emma übers Gesicht und dankbar umarmte sie Oskar. Sie wusste bereits jetzt, dass der *Offene Stall* ein berührender Ort der Begegnung bleiben würde.

Mein Weihnachten
von Paul Meinrad Brandenberg

Das Holzbildchen in meiner Hand ist schon älter, jedoch sehr gut erhalten. Es ist ein Quadrat von ungefähr fünf Zentimetern. Außen ein schöner Holzrahmen. Rechts oben ist der gelbe Vollmond dargestellt. Links davon eine Pyramide. Dann violetter Sand und eine wunderschön geformte Palme. Auf der Retourseite: *Für Paul, Weih. 90 von Piz.*

Dies war ein Weihnachtsgeschenk von meiner Schwester Patricia, die jung an Multipler Sklerose verstorben ist.

Weihnachten war für mich schon immer ein heiliges, beinahe magisches Fest der Familie. Wie freuten wir uns als Kinder darauf.

Meist begann die Adventszeit mit einem beleuchteten Adventskalender Marke Heliomalt. Dieser war rund, mit schönen Motiven bedruckt, und in der Mitte stand eine Kerze, die die ganze Szenerie magisch ausleuchtete. Jeder Tag wurde durch das Öffnen eines Adventstürchens zu einem schönen Ritual. Gerne hätte man mehr als eines geöffnet – aber Weihnachten kam dadurch ja nicht schneller!

Vater meinte einmal: «Dies war mein schönstes Weihnachtsfest – als alle Kinder zusammen ein Lied spielten, jedes auf einem Instrument.» Natürlich war hier das schönste aller Weihnachtslieder gemeint: *Stille Nacht!*

Vater saß am Piano, Trixi und ich spielten die erste und die zweite Violine. Die weiteren Instrumente waren Gitarre, Zither und Flöte.

Damals hielt ich das für total normal – macht man halt in der Familie. Heute jedoch weiß ich, wie besonders das war, auch für Mami und Dädi.

Als Kind wurde einem bald mal klar: Dädi oder Mami legten an Weihnachten die Geschenke unter den Baum … aber der Sinn der Heiligen Nächte wurde bei mir dadurch nicht ausgelöscht. Das Geheimnis von Weihnachten ist und bleibt Gott – jedenfalls für alle Gläubigen –, und ich denke, sogar Atheisten mögen diese besonderen Tage.

Etwas ganz Bedeutendes erfuhr ich erst an der Beerdigung meines Vaters. Als junger Lehrer war er am Heiligabend zuerst bei seinen Eltern in Mols SG. Dann fuhr er mit dem Zug nach Pfäffikon SZ, und von da wanderte er über den Etzelpass nach Egg SZ. Da war er als Organist und Lehrer tätig und wollte die Mitternachtsmesse keinesfalls verpassen.

Da es damals nicht möglich war, Egg rechtzeitig mit öffentlichen Verkehrsmittel zu erreichen, nahm er diesen Weg zu Fuß über den Etzel! Das sagt alles: Wie war ich dankbar für so einen Vater.

Befana, die liebenswürdige Weihnachtshexe
Eine alte Legende, nacherzählt von Joe Fuchs

V or langer, langer Zeit lebte in einem winzigen Dörfchen ganz allein eine greise Frau. Sie wirkte nicht freundlich. Den ganzen Tag sah man sie mit ihrem großen, alten Besen, mit dem sie unermüdlich ihr kleines Haus fegte. Wenn sie fertig war, putzte sie den kleinen Platz vor ihrem Haus und dann fing sie wieder von vorne an. Die Menschen in ihrem Dorf redeten schließlich nur noch von der «alten Hexe Befana». Befana begann bereits am frühen Morgen, sauber zu machen, und hörte erst dann auf, wenn bereits die Sterne am Himmel funkelten.

An einem kalten Morgen klopfte es heftig an ihrer Tür. Wer konnte das wohl sein, der sie da beim Putzen störte? Ganz behutsam öffnete sie die Tür einen Spalt – und traute ihren alten Augen nicht. Vor ihr standen drei wunderbar gekleidete Männer. Ihre Gewänder waren das Schönste, das die greise Befana je gesehen hatte. Sie sahen aus wie Könige. Sie trugen Schätze in den Händen, Gold, Weihrauch und Myrrhe, und alles an ihnen glänzte und leuchtete in den Farben des Regenbogens.

«Wir haben uns verirrt», sagte einer der drei Männer. «Wir folgten einem Stern, der im Osten aufging und uns den ganzen Weg bis hierher geführt hat. Wir suchen ein kleines Kind, das in Bethlehem geboren worden sein soll – so teilten es uns die Propheten mit. Und jetzt sehen wir den Stern nicht mehr.»

Befana war völlig aus dem Häuschen. Auch sie hatte von der Prophezeiung gehört, dass dereinst ein Kind geboren werde, das der ganzen Welt Frieden bringen würde. Aber den Weg nach Bethlehem kannte sie nicht. Denn weil sie ständig mit Putzen beschäftigt war und mit ihrem großen Besen, hatte sie schon seit Jahren keinen Schritt mehr außerhalb ihres Hofes getan. Sie wusste gar nicht mehr, wann sie einen längeren Weg auf sich genommen hatte.

«Leider kenne ich den Weg nach Bethlehem nicht», sagte Befana.

Die drei Männer verließen wieder den Hof, am Tor drehten sie sich aber nochmals um und kamen zurück. «Willst du nicht mit uns nach Bethlehem kommen, um das Kind zu suchen, das der Welt den Frieden bringen möchte?», fragte einer von ihnen.

«Nein», meinte Befana und schüttelte den Kopf, «ich bin bei der Arbeit, ich kann das Putzen nicht unterbrechen und alles stehen und liegen lassen.»

Doch als die Männer gegangen waren und sie ihren Besen wieder zur Hand nahm, hatte sich etwas verändert. Plötzlich erschien ihr die Arbeit als nicht mehr so wichtig. Sie stützte sich auf ihren großen Besen und sagte leise: «Warum bin ich nicht mit den Männern gegangen? Ich möchte das Kind ja auch sehen.»

Und am nächsten Morgen machte sie sich auf den Weg. Sie hatte alle Süßigkeiten eingepackt, die in ihrem Haus zu finden waren. Die wollte sie dem kleinen Kind als Geschenk mitbringen. Leider konnte sie die Männer nicht mehr einholen, und auch den Weg nach Bethlehem fand sie nicht. Aber immer, wenn sie ein kleines Kind traf, blieb sie stehen und schenkte ihm eine von den mitgenommenen Süßigkeiten – vielleicht war es ja jenes kleine Kind, von dem die Männer geredet hatten.

Eines Abends setzte sie sich unter einen großen, alten Baum und ruhte sich aus. Plötzlich sah sie am Himmel einen wunderbaren Stern, den sie noch nie gesehen hatte. Und dann fiel eine leuchtende Gestalt, einer Sternschnuppe gleich, vom Himmel. Bald konnte Befana erkennen, dass die Erscheinung auf einem Besen durch die Luft flog und auf sie zukam. Als die strahlende Gestalt vor ihr anhielt, erkannte Befana ihren Besen.

«Allerliebste Befana», sagte die Gestalt, stieg von dem Besen und reichte ihn Befana, «nun tust du das Wichtigste auf der ganzen Welt. Du bringst Liebe und Hoffnung in die Herzen der kleinen Kinder. Dein alter Besen soll dir bei dieser Aufgabe helfen.»

Kaum dass die Gestalt das gesagt hatte, schwang sich Befana auf ihren Besen, der leise abhob und mit ihr vorsichtige Kreise durch die Luft zog.

«Vergiss deinen Korb mit den Süßigkeiten nicht!», rief ihr die Lichtgestalt hinterher. «Der Korb wird niemals leer werden!»

Und deshalb kann man jedes Jahr, wenn der Stern von Bethlehem erscheint und die drei Könige sich aus dem Osten auf den Weg nach Bethlehem machen, am Himmel zwischen den Sternen eine Frau auf einem Besen reiten sehen. Das ist Befana mit ihrem großen Korb voller Naschwerk für alle Kinder dieser Erde.

Befana lebte in Italien, aber ihr Fest wird am 6. Januar auch in der italienischen Schweiz gefeiert.

Weihnachtsklänge – vier Tage bis Weihnachten
von Almina Quill

Lisa starrte angestrengt durch das verschmutzte Wohnzimmerfenster nach draußen. In wenigen Tagen war Weihnachten, und noch erinnerte gar nichts an das allerschönste Fest im Jahr. Die Wiesen konnten kaum grüner sein, und Lisas Eltern hatten noch nicht einmal einen Tannenbaum ins Wohnzimmer gestellt.

Mit ihren kleinen Händen wischte sie über das Fenster, um besser sehen zu können. Aber außer dass die Scheibe jetzt noch stärker verschmutzt war als zuvor, geschah nichts. Ihre Mutter schimpfte in der Küche, wahrscheinlich war sie unzufrieden. Sie war in letzter Zeit oft unzufrieden. Lisa wusste aber nicht genau, wieso.

«Weihnachtsstress», sagte sie ohne genauere Erklärung, wenn Lisa danach fragte. Da Lisa aber keine Lust hatte, dessen Auswirkungen am eigenen Leib zu erfahren, hakte sie nicht weiter nach. Dabei verstand sie wirklich nicht, was dieses Wort bedeutete. Im Kindergarten redete niemand von Weihnachtsstress. Stattdessen wurden Weihnachtslieder gesungen. Lisa *liebte* Musik. Aber ganz besonders liebte sie Weihnachtslieder. Zaghaft summte sie die Melodie von «Leise rieselt der Schnee» vor sich hin. Dann sah sie zur Tür hinüber, die in die Küche führte. Sie konnte ihre Mutter immer noch murren hören.

Achselzuckend drehte sie sich zurück zum Fenster und kletterte flink auf das Fensterbrett, in der Hoffnung, dadurch doch etwas besser sehen zu können. Leise begann sie das Lied zu singen und wünschte sich inständig, die grünen Wiesen wären von Schnee bedeckt.

Eine einzelne kleine Flocke fiel tanzend zu Boden. Lisas Herz tat einen Sprung. Vielleicht würde ihr Wunsch doch erhört? Sie sang etwas lauter. Da! Noch eine Flocke! Und noch eine! Immer begeisterter sprudelten die Worte des Lieds über ihre Lippen und immer mehr Schnee fiel zu Boden. Sie konnte nicht mehr an sich halten und rannte vor Freude quietschend in die Küche.

«Mama! Mama! Schau nach draußen!»

Die Mutter hatte zwar aufgehört zu schimpfen, aber sie sah auch nicht erfreut aus. Sie blickte kaum auf, sondern konzentrierte sich mit aller Kraft auf das Brot, das sie buk.

«Schau doch, Mama!»

«Was ist denn?», seufzte die Mutter resigniert.

Lisa zeigte strahlend durch das Küchenfenster nach draußen.

«Wurde auch langsam Zeit», knurrte die Mutter und knetete mit aller Kraft weiter an ihrem Teig.

«Das hab ich geschafft!», sagte das Mädchen nicht ohne Stolz und grinste übers ganze Gesicht.

Diesmal blickte ihre Mama sie richtig an, und ein müdes Lächeln breitete sich auf ihren Zügen aus. «Klar hast du das.»

Lisa hüpfte erfreut davon. Sie würde ihre Skihose anziehen und einen Schneemann bauen. Den größten Schneemann, den es je gegeben hatte.

3 Tage bis Weihnachten

Nur zur Sicherheit hatte Lisa immer wieder «Leise rieselt der Schnee» gesungen, damit das weiße Wunder auch ja nicht wieder verschwand. An diesem Tag stand der Schnee schon einen halben Meter hoch, und Lisa fand, dass jetzt ihre Singkünste wohl nicht mehr nötig seien, damit es weiter schneite.

Sie war auch schon draußen gewesen und hatte einen zweiten Schneemann gebaut und noch einen dritten, einen kleineren. Die Schneefamilie brauchte schließlich auch ein Schneekind. Nun saß sie in der Küche und hörte ihrer Mama beim Telefonieren zu.

Das Gespräch war ganz sicher das allerlangweiligste, das Lisa je gehört hatte. Es ging nicht einmal um Weihnachten. Leise, um die Mutter nicht zu stören, glitt sie vom Hocker und tapste zum Backofen, öffnete ihn und blickte hinein. Es roch noch immer nach dem Brot, das am Tag zuvor darin gebacken worden war. Lisa atmete tief ein. Es war gutes Brot gewesen. Aber noch lieber hätte sie Weihnachtskekse gerochen.

Zimtsterne zum Beispiel.

Als ihre Mama wild gestikulierend, das Telefon mit einer Hand immer noch ans Ohr gedrückt, den Raum verließ, hockte sie sich direkt vor den Backofen auf die Fersen. Sie hatte mit ihrem Lied Schnee gezaubert. Ob das auch mit Keksen funktionierte? Musste dabei der Backofen geschlossen sein? Wahrscheinlich schon. Vorsichtshalber schloss Lisa den Ofen. Um trotzdem etwas sehen zu können, knipste sie das kleine Ofenlämpchen an. Dann sang sie zaghaft: «Zimetstern, hani gärn, Mailänderli au ...»

Zuerst geschah nichts. Dann, als Lisa zum zweiten Mal beim Refrain angelangt war, kroch aus dem Backofen der wunderbare Duft ihrer allerliebsten Weihnachtskekse.

«Was machst du da?» Die Mutter war plötzlich bei ihr, packte sie am Arm und riss sie vom Ofen weg. «Wer hat dir erlaubt, allein an den Ofen zu gehen? Du weißt doch, dass du die Geräte nicht einfach anmachen darfst!»

Lisa blickte ins Gesicht ihrer Mama. Sie sah wirklich böse aus. Wie gut, dass Lisa Kekse in den Backofen gesungen hatte.

«Das darfst du nie mehr tun, hörst du? Bei all den Dingen, die hätten passieren können ...» Sie brach ab und runzelte die Stirn. Dann schnupperte sie. «Hast du etwas in den Ofen getan?»

Erst schüttelte Lisa den Kopf. Dann nickte sie. «Ich habe Kekse in den Backofen gesungen.»

«Jetzt ist nicht die Zeit für Spiele, Lisa! Was hast du in den Ofen getan?»

Anstelle einer Antwort zog Lisa ihre Mama zu sich herunter, deutete auf den Backofen und zeigte hinein.

2 Tage bis Weihnachten
Nachdem sie den ganzen Vormittag gebettelt hatte, hatte ihr Vater schließlich eingewilligt, mit ihr zum Weihnachtsmarkt zu fahren. «Nur um zu schauen und ein Stück Lebkuchen zu essen», hatte er gesagt, und Lisa hatte brav genickt.

Nun stand sie aber mit großen Augen und vor Kälte geröteten Wangen vor dem großen Weihnachtsbaum auf dem Dorfplatz.

«Komm jetzt, Lisa. Ich muss noch arbeiten, und dein Stück Lebkuchen hast du auch gekriegt.»

«Warum haben wir noch keinen Tannenbaum?»

«Dieses Jahr gibt es ihn etwas später. Kommst du jetzt?», drängte der Vater. Er hatte es zwar fragend formuliert, ausgesprochen klang es aber ganz und gar nicht nach einer Frage.

Quengelnd ließ sich Lisa von dem Baum wegziehen. Sie war zwar erst sechs Jahre alt, aber auch sie verstand, dass es dieses Jahr zu Hause wohl keinen Baum geben würde. Obwohl …

Auf dem Rücksitz des Autos sagte sie stumm den Text zu «O Tannenbaum» auf. Hierbei durfte sie keinen Fehler machen. Was war denn Weihnachten ohne einen richtigen Baum?

Als das Auto nur noch wenige Straßen von ihrer Hauseinfahrt entfernt war, begann sie zu singen. Ein Seufzer ertönte hinter dem Steuer, als der Vater das Lied erkannte. Lisa sang weiter.

Auf der Straße vor ihrer Einfahrt kreuzten sie einen Laster, voll beladen mit wunderbar grünen Tannenbäumen. Lisas Augen leuchteten, und sie sang schneller und lauter.

Und wie aus dem Nichts fuhr eine Windböe durch die Straße, so stark, dass sie das Auto von Lisas Vater ins Schlingern brachte und Lisa sich mit beiden Händen festhalten musste. Entsetzt klappte Lisa den Mund zu, als ihr Gesang von ihrem eigenen erschrockenen Kreischen unterbrochen wurde. Aber so schnell sie konnte, sang sie weiter. War sie wieder beim Refrain angekommen? Sie wusste es nicht mehr, setzte aber einfach wieder da an, um wenigstens irgendetwas von dem Lied zu singen, dass ihr einen Weihnachtsbaum bescheren sollte.

Eine weitere Böe fegte zwischen den Autos hindurch. Es pfiff, es rumste, es quietschte. Das Auto kam abrupt zum Stehen. Als der Laster weg war, holte Lisa tief Luft und sang nochmal aus Leibeskräften: «O Tannenbau …» Und dann sahen sie es.

Im Garten lag ein Tannenbaum. Die Windböe musste ihn vom Laster geschoben haben. Bei seinem Fall hatte er einen Teil des Gartenzauns zerstört. Lisa verzog das Gesicht. Dann breitete sich trotz allem ein Grinsen auf ihrem Gesicht aus. Sie hatte es geschafft! Sie würde einen Weihnachtsbaum haben!

Das Grinsen verging ihr allerdings, als die Mutter wild schimpfend und nur mit Wollsocken an den Füßen aus dem Haus gestampft kam und sie merkte, dass auch der Vater sie mit erschrockenem Blick ansah.

1 Tag bis Weihnachten

Lisa hatte den ganzen Tag kein einziges Weihnachtslied gesungen. Nach der Katastrophe, die sie am Abend zuvor ausgelöst hatte, wagte sie es nicht mehr. Vor allem deshalb nicht, weil sie später ihre Mama hatte weinen hören, als sie eigentlich im Bett hätte sein sollen.

Die Eltern wussten zwar nicht genau, ob Lisa schuld daran war, dass der Tannenbaum in den Zaun gekracht war. Aber sie hörten nicht auf, ihr immer wieder misstrauische Blicke zuzuwerfen. Und einmal, als Lisa leise etwas angefangen hatte zu summen, sah sie, wie ihre Mutter zusammenzuckte.

Das schlechte Gewissen dämpfte ihre Freude über den Weihnachtsbaum, den die Mutter nach einigem Zögern dann doch noch ins Haus geholt hatte. Jetzt stand er geschmückt und beleuchtet im Wohnzimmer und Lisa fand ihn trotz allem wunderschön.

Weihnachten

Am Weihnachtsmorgen konnte Lisa nicht mehr an sich halten. Sie zappelte und hüpfte und tanzte vor Freude in ihrem kleinen Kinderzimmer umher. Und dann fand doch die erste

Melodie den Weg über ihre Lippen. Sie handelte von einem Stern, der heller als alle anderen strahlt und der Freude in die Herzen aller Menschen bringt.

Als Lisa auf ihren kurzen Beinen die Treppe hinuntersauste, sahen auch die Eltern nicht mehr so wütend aus. Sie lächelten sie an, und sie durfte Weihnachtskekse und Lebkuchen zum Frühstück essen. Ob am Abend auch ein heller Stern zu sehen wäre, so wie in dem Lied?

Endlich wurde es Abend, und der Tannenbaum im Wohnzimmer, Lisas Baum, war noch schöner, als sie es sich erträumt hatte. Er glitzerte und leuchtete und war der perfekte Weihnachtsbaum, und unter dem Baum lagen sogar Geschenke! Lisa tänzelte um ihn herum und summte glücklich vor sich hin. Diesmal war es die Melodie von *Stille Nacht*, die sich sanft im Wohnzimmer ausbreitete.

Später lag sie glücklich im Bett. Alles an diesem Abend war wunderschön gewesen. Das Essen hatte nie besser geschmeckt, Mama und Papa hatten gelacht und mit Lisa gespielt, und in ihrem Geschenkpaket war die allerallerschönste Puppe gewesen.

Was für ein Tag! Und das alles war ihr Verdienst. Schließlich hatte sie die Lieder gesungen, die zu diesen wunderbaren Ereignissen geführt hatten. Sie lächelte verklärt.

Das Mondlicht schien zum Fenster herein, und sie hielt Ausschau nach dem großen Stern, den sie am Morgen in einem früheren Lied herbeigesungen hatte. Doch obwohl der Himmel sternenklar war, konnte sie ihn nirgends entdecken. Leise sang Lisa das Lied noch einmal. Aber nichts geschah.

Weihnackten
von Alban Dillier

Erschöpft vom heutigen Tag sitzt Cherry (was übrigens nur ihr Arbeitsname ist) auf dem hohen Barhocker und gönnt sich ihren Feierabend-Prosecco. Das Kunstleder knirscht, als sie sich in ihrer kurzen Hotpants nach vorne beugt und mit beiden Armen auf den Tresen des Saunaclubs *Swiss Dreams* legt.

Nicht dass Sie jetzt die Arbeit von Cherry missverstehen: Sie ist offiziell als Aufgussmeisterin angestellt und bietet ihren Kunden (Frauen sind eigentlich nie dabei) bei jedem Saunagang einen neuen Duft und eine Lichtshow und wirbelt mit ihrem großen Tuch die heiße Luft in der Sauna herum. Natürlich erhält sie eindeutige Angebote, Blumen und dergleichen, aber bisher ist sie nur mit zwei Kunden weitergegangen und hat es auch nicht bereut.

Im Saunaclub ist es immer dunkel, und wenn man einige Monate schlafen und dann aufwachen würde, könnte man nicht erraten, welcher Monat es gerade ist oder welche Tageszeit.

Da Cherrys Lohn nicht sehr hoch ist, wohnt sie im oberen Stock in einer kleinen, günstigen Wohnung, deren Miete ihr Ende Monat vom Gehalt abgezogen wird.

Sie trinkt den letzten Schluck und rappelt sich vom Barhocker hoch. «Ciao Franco», sagt sie freundlich zum kleinen dicken Barkeeper mit den großen Augen und den dichten Augenbrauen und macht sich auf zu ihrer Wohnung.

Als sie ihre Tür öffnen will, stolpert sie fast über ein großes Paket, das in glänzendes rotes Papier eingepackt ist. *Ja, ist denn schon Weihnachten?*, denkt sie, schaut nach rechts und links im Flur und nimmt dann das Paket mit nach drinnen.

Es ist tatsächlich schon Weihnachten, und Cherry liest die Karte auf dem Paket. Die schöne Handschrift und fehlende Rechtschreibfehler unterscheiden sie von vorherigen Verehrerbriefen: *Liebe Cherry. Ich weiß, Du kennst mich nicht, und ich hoffe, Du findest es nicht unangebracht, dass ich Dir eine kleine Aufmerksamkeit zukommen lasse, die Dir bei deiner täglichen Arbeit hoffentlich helfen wird.*

Cherry öffnet das Paket, nimmt einen großen Ventilator heraus und liest weiter: *Ich war vor einigen Wochen bei Deiner beeindruckenden Vorstellung und dachte mir, dass es doch furchtbar anstrengend sein muss, die heiße Luft mit einem Tuch in der Sauna zu verteilen. Vielleicht kann das ja in Zukunft der Ventilator für Dich erledigen. Normalerweise bin ich in dieser Zeit bei der Arbeit und viel unterwegs, aber ich habe nach vielen Jahren meinen Job gekündigt und bin nun viel zu Hause. Falls ich mich erdreisten dürfte, Dich in ein gutes Restaurant einzuladen und Dich besser kennenzulernen, würde mich das sehr freuen. Herzlich, W.*

Cherry muss schmunzeln und findet das Geschenk auf seine unbeholfene Art niedlich. In der Weihnachtszeit hat auch sie viel Zeit und ist oft allein, und weil sie Lust auf Gesellschaft hat, sagt sie der Einladung zu.

Sie zieht sich eine Jeans und einen dunklen Pullover an und horcht auf, als der Nachrichtensprecher im Radio sagt: «Aus ungeklärter Ursache sind in der ganzen Schweiz keine Weihnachtspakete angekommen. In vielen Familien gibt es Streit, die Kinder weinen, und der Pressesprecher der Post ist ratlos: ‹Normalerweise ist in dieser Zeit bei uns Hochbetrieb und wir verschicken im Sekundentakt Pakete. Aber aus uns unerklärlichen Gründen sind dieses Jahr keine abgeschickt oder abgeholt worden.›»

Cherry macht sich keine weiteren Gedanken und läuft in Richtung des Restaurants, das W. auf der Karte unten beschrieben hat.

Sie ist ein wenig zu früh und setzt sich an den schön gedeckten Tisch. Sie muss nicht lange warten, dann steuert ein Mann mit auffällig weißem dichtem Bart und freundlichen Augen auf sie zu; er ist rustikal gekleidet und trägt ein Holzfällerhemd.

Er hat eine besondere Ausstrahlung – eine Mischung aus Ruhe, Rastlosigkeit und Selbstbewusstsein. «Hallo, Cherry, danke, dass du gekommen bist. Ich hatte schon Angst, dass du mich versetzt!», begrüßt er sie mit einer tiefen, sonoren Stimme.

Cherry lächelt und bittet ihn, sich zu setzen. Nach einer kurzen Pause fragt sie ihn, ob er ihr ein wenig aus seinem Leben erzählen möchte und warum er so viel zu Hause sitzt und keine Arbeit mehr hat.

«Nun, ich war eine Art Vertreter und hatte eine große Firma im Ausland. Meine Arbeit habe ich mir nicht ausgesucht; ich wusste, dass es Tradition in unserer Familie ist: Der Erstgeborene setzt die Arbeit seiner Eltern fort, da gab es keine Option. Jahrhundertelang ging das so, und ich habe nie gefragt, warum ich so viele Pakete transportieren sollte. Die Arbeit war anstrengend, aber sehr erfüllend. Ich kam in der ganzen Welt herum, aber in der Schweiz gefiel es mir am besten. Wir hatten auch eine große Rentierfarm, um die ich mich kümmern musste. Das kling jetzt vielleicht komisch für dich, aber genauso war es. Allerdings habe ich in den letzten Jahren immer deutlicher gemerkt, dass es den meisten Menschen beim Schenken nicht mehr um Gefühle ging, sondern dass nur noch das Materielle wichtig war. Möglichst teuer und exklusiv musste es sein. Was eigentlich gut für mich war, denn ich bekam eine Provision von allem. Ich bin also ein wohlhabender, aber unglücklicher Mann geworden, der keine Familie hat und seine Arbeit nicht an seine Kinder weitergeben kann, wie es die Tradition vorsieht.»

«Das tönt sehr traurig», stimmt ihm Cherry zu und sucht seine Hand. Sie kann es sich nicht erklären, aber es fühlt sich vertraut und gut an in seiner Nähe, und sie möchte mehr über ihn erfahren. Der Abend dauert noch sehr lange und sie reden bis in die Nacht hinein, bis der Kellner sie bittet zu gehen, weil das Restaurant schließt.

W. besucht Cherry nun fast jeden Tag im Saunaclub, und sie geht nach Feierabend immer zu ihm und benutzt ihre kleine Wohnung schließlich gar nicht mehr. So vergeht fast ein Jahr, und Cherry ist sehr glücklich, dass sie W. kennengelernt hat. Auch er ist überglücklich und richtig aufgeblüht.

In letzter Zeit ist er abends manchmal sehr spät nach Hause gekommen, und an einem Morgen findet sie eine rote Mütze neben den Schuhen. Aber sie findet es gut, dass er wieder zu tun hat.

Weihnachten steht vor der Tür, Cherry sitzt auf dem Sofa, nimmt die Zeitung zur Hand und liest die Überschrift: *SCHWEIZ FREUT SICH ÜBER WEIHNACHTSPAKETE. WEIHNACHTEN WIEDER DA!*

Das erste Weihnachtsgeschenk
von Maria Scherrer

Die Hügel von Judäa waren in das Zwielicht getaucht, das der sterbende Tag noch zu spenden vermochte. Das immer wiederkehrende Wunder der untergehenden Sonne überzog den Himmel mit einem leuchtenden, warmen Farbenspiel vom tiefsten Purpur bis zum glänzendsten Gold. Schläfrig gewordene Vögel zirpten noch im Geäst der Öl- bäume, und ein sanfter Wind bewegte leise das dürftige Blatt- werk. Ein tiefer Friede lag über der Landschaft. Von einer Steinhütte her, die am Berghang lehnte, ertönte ein dumpfes Geräusch. Unter ihrem niedrigen Vordach saß eine junge Frau an einem Webstuhl und arbeitete. Sie hatte blondes Haar und neigte ihren schönen Kopf über ihre Arbeit. Ein blaues weites Kleid umhüllte ihre zarte Gestalt. Ihre schlanken Finger scho- ben geschäftig das Schiffchen durch den Zettel und bedienten den Webstuhl mit einer Behändigkeit, die beinahe den Frie- den des Abends störte.

Aber die junge Frau war in Eile. Es schien, als wollte sie an diesem Abend noch die begonnene Arbeit vollenden. Ihre Bli- cke liebkosten das feine weiße Wollgewebe, und ihre Hände prüften sorgsam, ob sich nicht da oder dort trotz aller Sorgfalt einige Noppen und Nester in das Tuch eingeschlichen hatten, denn weich und glatt sollte es sein. Mit einem schnellen Ruck löste sich der letzte Rest des gezwirnten Fadens von dem Haspel. Es war das Ende, und bedächtig, so wie man einen Schlussstrich unter eine Arbeit macht, zog die junge Frau einen roten Faden durch den Einschlag. Jetzt sah sie nichts mehr im hereingebrochenen Dunkel. Sie lehnte sich auf ihrem Hocker zurück gegen die Mauer des Häuschens. Auf ihrem schönen Gesicht lag der Ausdruck stiller Freude und ruhiger Sicherheit der Wartenden, die weiß, dass ihr Hoffen und Warten nicht umsonst sein wird.

Sie war eines reichen Färbers Tochter mit Namen Rebekka. Trotz heftigem Widerstand des Vaters war sie dem armen Schäfer Simon in diese armselige Steinhütte als Gattin und treue Gefährtin gefolgt. Nichts hatte bis jetzt das eheliche Glück getrübt, und bald sollte ein Kindlein in ihrer Mitte sein. Sie sann in den stillen Abend hinein. Warum Simon, ihr Mann, wohl heute so lange ausblieb? Er machte sich so viele Sorgen, wie der karge Verdienst fortan für drei ausreichen sollte. Rebekka aber war voller Zuversicht und Vertrauen. Sie hatte das Linnen bereitet für das kommende Kind und eben erst das feine weiße Tuch aus reiner Wolle gewoben, damit das Kind in den kühlen Nächten nicht frieren sollte.

Warum sich so viele Sorgen machen? Das Weitere wird sich geben, dachte die werdende Mutter. Wo Simon nur so lange blieb? Gewiss hatte sich wieder ein Lämmchen verirrt oder in den Felsen und Schluchten verstiegen. War nicht das ängstliche Blöken des Muttertieres zu hören? Sie horchte in das samtene Dunkel der hereinbrechenden Nacht.

Die Sterne am Himmel glommen leise auf, und es schien, als würden sie immer größer und heller. Dort über jenem Feld unten im Tal, wo Simon mit seinen Gefährten das Hirtenfeuer angezündet hatte, um die wilden Tiere von der Herde fernzuhalten, dort erschien gerade eine große Helle, die in einem Lichtkegel vom Himmel auf die Erde niederfloss. So hell wurde es nun mit einem Mal, dass man in jedes Tal, jede Schlucht, ja sogar bis hinein in die Gassen und Straßen Bethlehems sehen konnte.

Rebekka wurde ganz seltsam zumute, und sie zog ihren Schal enger um die Schultern. Wie geheimnisvoll und seltsam war doch diese Nacht. Kein Lärm drang zu ihr in ihre Einsamkeit, und dennoch dünkte es sie, als läge Musik in der Luft. Angestrengt schaute sie hinunter in das weite, lichterfüllte Tal.

Und da war es ihr, als bewege sich die große Helle mit einem Mal. Wenn doch nur Simon käme! War er am Ende von Räubern überfallen worden oder erzählte der große Nathan, der wilde Geselle, nur wieder seine derben Schwänke und lustigen Geschichten am Feuer? Oder hatten sie ihn am Ende gar mit in die Schenke genommen und zu Spiel und Trank verleitet? Simon war doch sonst ein so nüchterner Mann, und noch nie hatte er sie ohne Not so lange alleingelassen.

Sie kämpfte mit starkem Willen gegen ihre Ratlosigkeit und Unruhe an und versuchte dies und jenes zu tun. Sie band sich die Riemenschuhe um die Füße und wollte den Wasserkrug an die Zisterne tragen, damit ihr Mann ihn am Morgen fülle, aber beinahe wäre er ihren zarten Händen entglitten. Jetzt stand der Stern über Bethlehem still und tauchte die kleinen weißen Häuser in silbernes Licht.

Es war schon Mitternacht vorbei und immer noch war Simon nicht heimgekommen. Rebekka hockte müde am Türpfosten und schloss die Augen. Die Angst wollte ihr mittlerweile den Atem rauben. Aber was gab ihr das Recht, an ihrem sonst so treuen, liebevollen Gatten zu zweifeln? Da hörte sie Steine poltern, und eilige Schritte tönten durch die Stille. Ein Vöglein erschrak darob in seinem Nest und piepste ängstlich nach seiner Mutter. Ein Stag schlug auf die Erde. Rebekka erhob sich jäh und tat ein paar Schritte in das Dunkel; das musste Simon, ihr Gatte sein! Seine Kleider flogen im Wind, sein Atem keuchte. Aber seine Augen leuchteten.

«Rebekka», rief er, «zürne mir nicht! Mir ist so Wundersames begegnet!»

Rebekka nahm ihre Hände vom klopfenden Herzen, strich ihrem Mann die schweißtriefenden Haare aus der Stirn und schaute ihm besorgt in das bewegte Antlitz: «Ich habe mich so um dich gesorgt, Simon!», sagte sie mit zitternder Stimme.

Sie setzten sich auf die schmale Steinbank vor der Hütte, er legte seine Kleider ab und begann zu erzählen. «Ich hätte Wache gehabt in dieser Nacht, wie du weißt, aber trotzdem wäre ich schnell vor dem Einnachten zu dir gekommen, um dir das Wasser und das Holz an die Feuerstelle zu tragen. Aber da blendete uns alle ein großes Licht auf dem Feld. Tausende und Abertausende Sterne mussten sich zu einem einzigen großen Stern vereinigt haben, und in der Luft ertönte ein seltsames Singen und Klingen wie von Himmelschören. Das Licht zog uns magisch an, wir standen erschrocken auf dem Feld und hörten deutlich eine Stimme, die aus dem Himmel zu kommen schien: ‹Fürchtet euch nicht, denn heute ist euch der Heiland geboren.› Nicht hielt uns mehr zurück, wir mussten dem Licht folgen, das uns gen Bethlehem führte. In Bethlehem weilten aber viele Menschen, weil es ja die Zeit der Volkszählung ist, und alle Herbergen waren überfüllt. Der Stern aber stand nicht über einem Palast, nicht über dem Haus eines Reichen, sondern über einem Stall, der zu einer armeseligen Schenke gehörte. Er stand still und rührte sich nicht mehr. Dort konnte doch unmöglich Christus der König, der Erlöser der Welt, geboren worden sein!» Simon hob die Hände. «Enttäuscht wollten wir wiederum zu unserer Herde auf dem Feld zurückkehren und unverrichteter Dinge noch einmal den weiten Weg unter die Füße nehmen. Da leuchtete aus dem niederen Stall ein Licht, und wir traten näher und sahen darin ein gar wundersames Bild. Zu ebener Erde kniete eine junge Frau, auf dem Haufen Stroh vor ihr ein Kindlein, eingewickelt in ein weißes Kopftuch. Daneben stand ein bärtiger Mann mit besorgter Miene, er nannte sich Joseph von Nazareth, Zimmermann von Beruf. Er zog gerade seinen einzigen Rock aus, um das Kind vor der kühlen Nachtluft zu schützen. Die junge Mutter hatte ihr Kopftuch hergegeben, um es einzuwickeln, so war ihr Haupt unbedeckt, und ihr langes blondes Haar fiel ihr über die Schultern wie gelbe schwere Seide. Sie hatte Haare wie du, Rebekka, und ich dachte an dich zur selben Stunde und war voller Sorge. Wir schauten voller Ehrfurcht auf das friedliche Bild, und unsere Herzen waren erfüllt von Freude und froher Zuversicht. Dies musste der verheißene Erlöser sein, der so arm auf Stroh dort auf der Erde lag. So sanken wir in die Knie und falteten unsere Hände. Von den anderen Hirten, die vor uns dorthin geeilt waren, haben wir vernommen, dass diese Leute im Stall auch zur Volkszählung nach Bethlehem gekommen waren, nirgends aber eine Unterkunft finden konnten und von Tür zu Tür geschickt wurden, weil niemand die werdende Mutter beherbergen wollte. So waren sie es zufrieden, ein Dach über ihren Häuptern zu haben und vor der Kälte und Unbill der Nacht geschützt zu sein. Sie schienen voller Glück und Freude und klagten nicht. Wie habe ich mich geschämt, Rebekka, ob meiner Verzagtheit. Nun bin ich aller Sorge um die Zukunft ledig, geliebtes Weib, seit ich diese Zufriedenheit im Stall zu Bethlehem gesehen habe, und auch um dich will ich nicht mehr so ängstlich bangen, dass du mir genommen werden könntest. Welch ein Glück, dass ich dem Stern nach Bethlehem gefolgt bin!»

Rebekka hatte ihm seltsam benommen zugehört. Wenn ihre Füße sie nur den weiten Weg tragen würden! Wie gerne würde sie zu der jungen Mutter eilen und ihr Kindlein sehen, es an ihr Herz drücken, damit es ihr Kind segne, das noch darunter schlummerte. Ja, sie wollte Maria, der jungen Mutter, so gern etwas Liebes tun, damit es ihr in ihrer schweren Stunde vergolten würde.

Da fiel auf das weiße Wolltuch im Webrahmen der erste Frühschein des erwachenden Morgens. Wie im Traum schritt Rebekka darauf zu, schnitt mit dem Messer langsam Faden um Faden los, knüpfte einen um den anderen kreuzweise übereinander zur Franse, drehte die Rolle und löste auch das andere Ende. Dann glitt ihr Blick nochmals über das weiche Gewebe und leise sagte sie vor sich hin: «Da wird das Kindlein weich und warm liegen auf der Mutter Arm, wenn sie heim nach Nazareth wandert.»

Sie faltete das Tuch langsam und bedächtig zusammen, es war die Arbeit von Wochen und Tagen, legte es mit liebvoller Gebärde dem Gatten auf den Arm und sagte: «Geh und eile, Simon, nachdem du eine Stärkung zu dir genommen hast. Trage das Tuch hin zum Stall in Bethlehem und grüße Maria von mir. Sag ihr, eine Mutter, die guter Hoffnung sei, schenke ihr dieses weiche, warme Tuch für ihren lieben Knaben, damit er auf der Heimreise nicht unter der Kälte leiden müsse. Sie möchte meiner gedenken, wenn ich in Schmerzen mein Kind gebären werde, wie es uns Frauen beschieden ist seit dem Sündenfall im Paradies.»

Simon trank hastig die Schale Ziegenmilch, tat etwas harten Käse und dunkles Brot in seine Manteltasche, küsste die reine Stirn seines Weibes, barg das kostbare Tuch in den Falten seines Mantels und eilte beflügelten Schrittes hinunter in die Ebene und hin nach Bethlehem. Im Stall angekommen, legte er Rebekkas Geschenk zu Füßen der Gottesmutter.

Sie aber lächelte wundersam, neigte sich nieder zu dem Knienden, strich mit ihrer zarten Hand über den krausen Kopf des Hirten Simon und sagte: «Habt Dank, junger Mann, und sagt Eurem Weibe, ich werde es ihr nie vergessen, dass sie mir diese Gabe, ihrer Hände mühevolle Arbeit, für mein Kind geopfert hat. Es wird aber auch nicht umsonst gewesen sein. Gehet heim und seid voller Zuversicht, denn wisset: Wer von dem Wenigen, das er besitzt, einem noch Ärmeren gibt, wird es doppelt zurückerhalten. Sagt ihr auch, sie möge stets der Stimme ihres reinen Herzens folgen, so wie sie es bis anhin getan hat, denn Liebe und Erbarmen sind das Größte, was wir einander geben können.»

Simon, der Schäfer, kehrte heim mit frohem Gemüt. Rebekka ging seltsam beglückt durch die folgenden Tage und schenkte ihrem Mann bald einen blondlockigen Knaben. Ihr war, als wäre ihr jemand stark und treu zur Seite gestanden, als sie in den Wehen lag. Ihr Kindlein aber hatte nicht gelitten unter der Kälte, obwohl sie das warme Tuch fortgegeben hatte.

Und als Herodes, der starke und mächtige König, alle Erstgeborenen töten ließ, da hörte Rebekka eine Stimme, die zu ihr sagte: «Nimm dein Kind, berge es unter deinem Mantel und achte auf den Sonnenstrahl, der auf einem schmalen Pfad ins Gebirge weist. Dort lass dich von einer sprudelnden Quelle in eine Schlucht von Felsen leiten und setze dich in den Schatten eines Ölbaumes. Warte dort, bis die ersten Sterne am Himmel deinen Heimweg beleuchten!»

Rebekka gehorchte dieser Stimme, und ihr Erstgeborener war gerettet, denn die Schergen, die Herodes geschickt hatte, um alle Knäblein zu töten, die in jener Zeit geboren worden waren, fanden sie nicht in der verborgenen Schlucht. Und so dankte Maria, die Gottesmutter, für die Weihnachtsgabe, die sie von der armen Frau eines Schäfers erhalten hatte.

Weihnacht ist nicht nur Guetzliduft ...
von Rachel Acklin

Schneeflocken fallen vom Himmel. Die Winterlandschaft ist weiß gekleidet und zeigt sich von der schönsten Seite.

Lebkuchenduft, Weihnachtsguetzli, Bänzli mit Zucker und Zimt. Himmlische Düfte erreichen meine Sinne. Freundliches Kerzenlicht erwärmt die Räume. Kuschelkleider am Körper. Das Cheminee zeigt sich von der besten Seite. Das Feuer lodert gemütlich vor sich hin. Ich sitze behaglich vor dem Kamin und schlürfe eine heiße Tasse Kakao mit Zimt.

Der Raum riecht nach Orangen, Zimt und Lebkuchen. Im Hintergrund erklingt leise wundervoller Weihnachtsblues. Ich bin so glücklich und fühle: Bald ist Weihnachten.

Ich frage mich still: Ist das schon Weihnachten?

Die Weihnachts-Carfahrt
von Guido Kolb

Beim Abendessen im Luxushotel tippten sich Frau Wiegand und Frau Hauffer unter dem üppig gedeckten Tisch gegenseitig mit dem Fuß an und machten einander mit einem Augenzwinkern auf den alten Mann aufmerksam, den Senior der Reisegruppe, die sich für die Weihnachtsfahrt des Carunternehmens angemeldet hatte. Es war eine gemütliche und stimmungsvolle Weihnacht im Luxushotel offeriert worden. Herr Riecher hatte sich schon beim Einsteigen in den Car als der «wohl älteste Reiseteilnehmer» vorgestellt und dabei gleich lautstark mitgeteilt, dass ihm diese Weihnachtsreise von seinen lieben Jungen gestiftet worden sei.

Schon zum dritten Mal erzählte Herr Riecher nun diese Geschichte. «Ja, meine verehrten Mitreisenden, meine Jungen sind einfach klasse. Sie sind vorbildlich. Ich kann sie nicht genug rühmen. Stellt euch vor: Zu meinem Geburtstag am St. Niklaustag haben sie mir diese Carreise geschenkt. ‹Vater›, haben sie gesagt, ‹du sollst es über die Weihnachtstage schön haben. Es soll für dich gemütlich werden. Du kannst doch nicht einfach über die Festtage allein zu Hause sitzen und deinen trüben Gedanken nachhängen. Du musst unter die Leute. Schau einmal, was wir uns für dich ausgedacht haben. Wir schenken dir einen Gutschein für eine Weihnachtsreise. Das Carbüro hat einen tollen Vorschlag im Tagblatt ausgeschrieben. Wir haben dich einfach angemeldet.»

Der alte Herr Riecher schwieg und schaute etwas triumphierend – oder gar ein wenig herablassend – in die Runde. Es waren durchwegs ältere Menschen, die diese Weihnachtsfahrt gebucht hatten, und vor allem alleinstehende Personen, die sonst einsam zu Hause ihr Christfest hätten verbringen müssen. Lieber auf einer organisierten Reise die Festtage verbringen – zwar unter fremden Menschen, aber mit stimmungsvollem Programm, erlesenen Mahlzeiten und im Komfort eines Luxushotels, als mit trüben Gedanken und in Missstimmung daheim zu sitzen und über die Trostlosigkeit des Weihnachtsrummels und die Rührseligkeit des trauten Christfestes zu räsonieren. So dachten verschiedene Teilnehmer der Gruppe, und darum hatten sie die Fahrt über Weihnachten gebucht. Zudem brauchte man sich nicht um irgendeine sinnvolle Gestaltung der Festtage zu bemühen, da ja alles, was Gemütlichkeit und Stimmung bieten konnte, im Fahrpreis enthalten war.

Ein hübsches, adrettes Fräulein machte die Reiseleitung. Eben gab sie das Programm für den Abend bekannt. «Wir haben heute verschiedene Möglichkeiten, uns auf Weihnachten einzustimmen», sagte sie mit wohlklingender Stimme am unteren Ende des Tisches. «Wir können dem Pianisten in der Bar zuhören. Im großen Saal spielt das Stimmungsorchester Skylight zum Tanz auf. Man kann auf eigene Initiative einen Stadtrundgang unternehmen. Man kann sich von der weiten Carreise durch einen gesunden Schlaf erholen.» Sie lächelte freundlich und wünschte weiterhin guten Appetit und einen frohen Abend. «Und sollte irgendeine Dame oder ein Herr einen besonderen Wunsch haben, so stehe ich selbstverständlich zur Verfügung. Ich bin nach dem Abendessen im Foyer des Hotels anzutreffen.»

«Ein nettes Mädchen», bemerkte Herr Riecher. «Man spürt schon am ersten Abend, wie sie sich um uns sorgt.» Er schob seinen mit duftenden Bratenstücken und Teigwaren gefüllten Teller auf die Seite und wollte gerade seinem Vis-à-vis, einer pensionierten Lehrerin, wieder von seinen Jungen erzählen. «Es ist schon wunderbar, wenn die Kinder einem alten Vater ein so schönes Hotel vermitteln und dafür sorgen, dass er es über die Festtage gut hat ...»

Die Lehrerin hörte gar nicht zu, sondern wandte sich demonstrativ an ihren Tischnachbarn, um übertrieben laut ihre Erlebnisse in diesem Luxushotel zu beschreiben. «Wissen Sie», vertraute sie ihm an, «ich komme jetzt schon zum fünften Mal über Weihnachten in dieses Hotel. Es ist einfach großartig, wie man hier festliche Kultur erleben darf. Sie werden es kaum glauben, wie reizend und romantisch der Heilige Abend in der großen Hotelhalle durchgeführt wird. Einfach großartig ...»

Der Nachbar schien etwas harthörig zu sein, da er sehr laut antwortete: «Es darf ja schon etwas Rechtes werden; wir haben auch wacker blechen müssen. Das Hotel ist ja nicht für jedermann. Wenn man schon zahlt, soll man auch etwas dafür erhalten.»

Die Lehrerin wollte aber weiter über den Heiligen Abend schwärmen und fuhr fort: «Ganz sicher, Sie können sich gar nicht vorstellen, wie wunderschön die Weihnachtsstimmung im Hotel sein wird. Der Herr Direktor – Sie haben ihn ja schon gesehen, den Herrn mit der Goldbrille und der Glatze, ja, das ist der große Chef in diesem Haus – spricht dann einige Worte zu uns, und es wird ein herrlicher Christbaum aufgestellt und auf allen Tischen brennen bunte Kerzen, und jemand liest eine schöne Geschichte vor. Dann gibt es ein ausgezeichnetes Weihnachtsessen, und vielleicht kommen eine Trachtengruppe oder ein Kindertheater und tanzen oder spielen etwas vor. Und das alles wird geboten, damit wir schöne Weihnachten feiern können ...»

Herr Richter hatte ebenfalls zugehört und wollte gerade noch einmal erwähnen, dass ihm seine Kinder zu dieser herrlichen Weihnacht verholfen hätten, als plötzlich ein Herr mit graumelierten Haaren – er saß auf der anderen Tischseite, hatte bis jetzt schweigend dagesessen und sich weder rechts noch links am Gespräch beteiligt – mit schneidender Stimme rief: «So hören Sie doch endlich auf mit der Geschichte von Ihren Kindern. Wir alle wissen nun zur Genüge, welch lieben Nachwuchs Sie haben. Die Jungen haben Sie doch nur auf diese Reise geschickt, um Sie loszuwerden und Weihnachten ohne Sie feiern zu können. Die fahren zum Wintersport und amüsieren sich ohne den lästigen Schwiegerpapa und Großvater. Und damit sie kein schlechtes Gewissen bekommen, haben sie Sie in dieses Luxushotel verfrachtet. Gehen Sie mir weg ... Sie mit Ihren lieben Jungen!»

Herr Riecher schaute den Sprecher entsetzt an. «So eine Frechheit, so eine Unterstellung. Wenn Sie meine Jungen kennen würden, Sie ... Sie ...» Er fand das Wort nicht, das er dem giftigen Reisebegleiter an den Kopf werfen wollte. Und so schwieg er und zog seinen Teller wieder zu sich heran. Schweigend aß er und starrte auf sein Gedeck. Das konnte doch unmöglich wahr sein, was dieser schreckliche Kerl gesagt hatte. Seine Jungen würden so etwas nie tun. Nie und niemals! Er wusste doch, wie sie ihn gernhatten. Er war doch immer willkommen, wenn er zu Besuch kam.

Der Pfeil aber saß im Herzen. Er begann nachzusinnen, und es fiel ihm plötzlich ein, dass man ihn gar nicht gefragt hatte, ob er diese Reise gern machen würde. Der älteste Sohn war gekommen und hatte ihm den Reise-Gutschein gebracht. Alles war schon gebucht und erledigt. Er musste nur noch einsteigen. Auf einmal kam ihm auch in den Sinn, dass der jüngste Enkel, der in den unteren Gymnasialklassen stand, etwas von

Skifahren und tollen Pisten in den Bergen erzählt hatte, und er erinnerte sich, dass seine Schwiegertochter ihn fast übertrieben herzlich verabschiedet und ihm eine herrliche und fröhliche Weihnachts- und Neujahrswoche gewünscht hatte. Hatte der miese Kerl auf der anderen Tischseite vielleicht doch recht? Hatte man sich seiner entledigen wollen, damit man unbelastet durch seine Gesellschaft in die Ferien fahren konnte und er nicht im Weg war?

In der Nacht fand er keinen Schlaf. Er wurde den Gedanken einfach nicht los: *Haben meine Jungen mich ins hierher verfrachtet, damit ich ihnen nicht im Weg bin?*

Am folgenden Tag sprach er kein Wort mehr von seinen «lieben Jungen», die ihm diese Reise geschenkt hätten. Er spürte aber, wie die anderen ihn heimlich belächelten und über ihn tuschelten als «der Alte mit den lieben Jungen»; im Vorbeigehen schnappte er mehr als einmal diese Bemerkung auf.

Der Heilige Abend war schrecklich für ihn. Dabei war er genauso, wie die einstige Lehrerin es begeistert beschrieben hatte. Das Essen war großartig, das Licht mit den unzählbaren Kerzen auf den Leuchtern unglaublich romantisch, die Theatergruppe spielte ein volkstümliches Stück über die Hirten auf dem Felde, denen der Engel erschien. Er mochte nichts essen. Er hatte keinen Appetit. Während sich die Gäste im Hotel in den feinsten Roben und elegantesten Kleidern amüsierten und am mehrgängigen Mahl erfreuten, bohrte es in ihm: *Sie haben dich einfach in dieses schöne Hotel gesteckt, damit sie dich loswurden.*

Die reizende Reiseleiterin erkundigte sich nach seinem Ergehen. Es war ihr aufgefallen, dass Herr Riecher nichts mehr erzählte und an den Gesprächen nicht mehr teilnahm. Sie wollte ihn aufmuntern und ihm gut zureden, er möge sich doch an dieser gemütlichen und stimmungsvollen Feier beteiligen und sich freuen, einen so schönen Heiligen Abend erleben zu dürfen. Er hatte sie nur groß angeschaut und gesagt: «Sie meinen es ja gut. Aber man kann nicht auf Befehl fröhlich und gemütvoll sein.» Dann war er aufgestanden, auf sein komfortables, luxuriöses Hotelzimmer gegangen und hatte sich traurig in den Fauteuil gesetzt. So verbrachte er den langen, stillen Heiligen Abend, das Herz voller Zweifel, ob der freche Spötter nicht doch recht gehabt hatte.

Dann stand sein Plan fest. Er packte seinen kleinen Koffer und schrieb einen Zettel: *Ich bin nach Hause zurückgereist.* Er legte ihn auf den Tisch und eilte aus dem Gebäude, rief ein Taxi herbei und ließ sich zum Bahnhof fahren. Er wusste, dass nach Mitternacht ein Schnellzug fuhr, der ihn in die Heimat zurückbringen würde.

Als er müde und an allen Gliedern zerschlagen zu Hause ankam, fand er niemanden in der Wohnung. Die Nachbarin schlug die Hände über dem Kopf zusammen und rief: «Herr

Riecher, um Gottes Willen, wo kommen Sie denn her? Sind Sie nicht in den Weihnachtsferien im Hotel geblieben? Ihr Sohn kommt ja erst nach Neujahr zurück, er ist doch mit seiner Familie in die Skiferien gegangen! Vor der Abreise hat er mir noch gesagt, dass der Vater wohlversorgt sei auf einer weihnächtlichen Carfahrt ...»

Und so ging der alte Mann in seine Wohnung zurück, setzte sich in den Lehnstuhl und sagte leise: «Also doch ...» Es würgte ihn im Hals und er fuhr sich mit dem Handrücken über die Augen, denn er wollte nicht zugeben, dass er furchtbar traurig war.

Autorinnen und Autoren

Silvia Götschi (*1958 in Stans)
war nach einer kaufmännischen Ausbildung im Hotelwesen
tätig, bevor ihr der Durchbruch als erfolgreiche Krimiautorin
gelang. Mitunter mit ihrem zuletzt erschienenen Roman
«Kaltbad» (2022) erklomm sie die Spitze der Schweizer Best-
sellerliste: www.silvia-goetschi.com.

Christina Jaeggi (*1982)
lebt in Meggen, Luzern, und it verheiratet mit Fabian Eigen-
satz. Sie hat viele Hobbys, u.a. Kino, Wandern, Backen, Reisen
und natürlich Lesen und Schreiben. Ihre e-Book-Romane erscheinen neu auch im Cameo Verlag – zuletzt erschien «Un-
vollendet».

Franziska Keller (*1969 in Endingen)
gelernte Typografin und Religionspädagogin in der kath. Pfarrei
Einsiedeln. Mutter von vier Kindern. Ist mit «church to go» unterwegs. Sie eröffnete Pop up-Lounges in der Klostergarage und
führte die Gastwirtschaft im Abteihof des Klosters Einsiedelns.
Zuletzt erschien ihr Roman «Weder Schuhe noch Taschen» (Pau-
lus Verlag).

Paul Brandenberg (*1960 in Einsiedeln)
ist als Lehrer und Musiker tätig. Er hat viele erfolgreiche Ambient-Alben veröffentlicht. Für sein Album «Islas», welches über 25'000-mal verkauft wurde, erhielt er den Platin World Award. www.paulbrandenberg.com

Pasquale Lovisi (*1979 in Casaletto Sp It)
besuchte die Schule in Italien und der Schweiz, arbeitete mehrere Jahre im Gastgewerbe, bevor er vor 20 Jahren in den Buchhandel einstieg. Heute ist er in der Geschäftsführung der Buchhandlung Benziger, Einsiedeln. In seiner Freizeit malt er für diverse Ausstellungen, macht Yoga, ist Hobby-DJ und liebt die Natur und die Spiritualität. Er lebt mit seiner Hündin Ganesha im Kanton Schwyz.

Gabriel Palacios (*1989 in Bern)
hat sich nicht nur als Mentalcoach und Hypnosetherapeut einen Namen gemacht, sondern hat auch als Buchautor und Verleger einige Erfolge vorzuweisen. Zuletzt erschien sein Platz 1-Besteller «Du bist mehr als nur gut genug» (Cameo 2022). www.gabriel-palacios.ch.

Guisi Volpe (Joe A. Fuchs) (*1959 in Wollerau)
ist Buchhändler, Verlagsvertreter, Autor, Verlagsleiter und Inhaber der Buchandlung Benziger in Einsiedeln. Er ist Heraus-

geber verschiedener Antologien. Er sammelt seit über 40 Jahren Weihnachtsbücher und Weihnachtsmusik aus aller Welt. Seine Sehnsuchtsorte sind Capri, Ibiza, Venedig, die Amalfiküste sowie Ligurien.

Martina Küng (*1989 in Biel)
ist gelernte Buchhändlerin. Nach verschiedenen Stationen im Schweizer Buchhandel eröffnete sie 2014 ihre eigene, erfolgreiche Buchhandlung in Hochdorf, Luzern. Sie liebt die Natur, Tiere, Freunde und Familie, und mag es Bücher zu entdecken, welche sie dann auch erfolgreich weiterempfiehlt. www.buechladehochdorf.ch

Alban Dillier (*1982 in Sarnen)
ist gelernter Buchhändler und seit 2009 Inhaber seiner eigenen Buchhandlung in Sarnen. Seit Kurzem Vater einer Tochter. Er liebt die Natur, das Wandern und Bücher. Seine Familie und Freunde bedeuten ihm alles. www.buecherdillier.ch

Hélène Vuille (*1953)
engagiert sich seit langer Zeit für Randständige, Flüchtlinge und Obdachlose. Sie ist Autorin von Porträts, Erzählungen sowie Märchen von Menschen und Tieren. 2020 erhielt sie die Auszeichnung «Flamme des Friedens» von Herta Margarete und Habsburg-Lothringen überreicht. Zuletzt erschienen: «Baran - 18 Jahre Regen». www.helenvuille.ch

Samuel Budmiger (*1984 in Sursee)
ist als Buchhändler und Lehrer tätig. Seit 2017 leitet er die
Buchhandlung Untertor in Sursee. Er ist verheiratet und Vater
von zwei Kindern. www.untertor.ch

Guido J.Kolb (*1928 in Oberriet, +2007 in Zürich)
war zunächst als Industriekaufmann tätig mit danach folgen-
dem Studium der kath. Theologie. Seine ersten Erfolge als Autor feierte er mit den «Niederdorfgeschichten» (1976). Die Geschichte «Weihnachts-Carfahrt» aus diesem Buch stammt aus
Guido J. Kolbs Buch «Licht in Dunkler Nacht» (Kanisius,
1990)

Maria Scherrer
Ihre Geschichte «Das erste Weihnachtsgeschenk» stammt aus
ihrer Schrift «Weihnachtserzählungen Einsiedeln» aus dem
Jahre 1947 (Waldstatt).

Alice Wegmann
Ihre Geschichte «Die Magd des Herrn» stamt aus «Weihnachtsgeschichten unserer Zeit» (Basel, Gute Schriften).

Almina Quill (Céline Küttel) (* 1996 in Einsiedeln)
hat in Einsiedeln die Matura absolviert und danach eine päda-
gogische Ausbildung sowie Unterricht an den Schulen in Einsiedeln besucht, und anschliessend eine Autorenausbildung ab-

solviert. Gemeinsam mit ihrem Partner kaufte sie einen Reisebus, um damit quer durch die Welt zu reisen. Unter dem Pseudonym Almina Quill ist ihr Debütroman «Elatar-Reise des Schicksals» als erster Teil einer Fantasy-Trilogie im Frühjahr 2022 erschienen. www.bookaholic.ch

Dechen Shak-Dagsay (*in Tibet)
hat tibetische Wurzeln und wuchs in der Schweiz auf. Von ihrem Vater Dagsay Rinpoche, einem tibetischen Lama, erhielt sie die Übertragungen der bedeutungsvollen Mantras, die sie inzwischen weltweit singt. Sie ist mit dem Naturheilarzt Dr. Kalsang Shak verheiratet und Mutter von zwei erwachsenen Töchtern. Sie lebt in einem kleinen Dorf oberhalb des Zürichsees. Ihre letzte CD «emaho-The Story of Arya Tara» ist 2021 erschienen. www.dechen-shak.com

Valeria Bianchi (*1994 in Zürich)
aufgewachsen mit ihren Eltern und ihrem Bruder Flavio in Langnau a. A. absolvierte sie dann den Bachelor of Science in Business Communications. Sie arbeitet in einem privaten Family Office in Zürich. Plan B in ihrem Leben wäre Bestsellerautorin zu werden.

Rachel Acklin (*1977 in Gais)
ist die «Wunder-Zauber-Frau», wenn es um das Erzählen von Geschichten geht. Ihr Projekt «Herzfocus» bietet verschiedene

Workshops und Events an. Ihr Herz schlägt für ihre Geschichten, mit ihrer Stimme möchte sie den Geschichten mehr Leben schenken. Sie ist Mutter eines Sohnes und lebt in Einsiedeln. www.herzfocus.ch

Die Rechte der Texte liegen bei den jeweiligen Autorinnen und Autoren. Bei wenigen Texten war es uns leider, aufgrund des Alters der Geschichten, nicht möglich klare Rechteinhaber/Verlage ausfindig zu machen. Wir bitten um Verständnis.

Der Cameo Verlag dankt an dieser Stelle dem Heraugeber Joe Fuchs. Wir vom Cameo Verlag sind sehr dankbar für die bereichernde Zusammenarbeit mit Joe. Seine herzerobernden Weihachtsbücher berühren viele Leserinnen und Leser. Es mag wohl auch an der Authentizität seiner Herzlichkeit und an seiner Kompetenz liegen. Wir sind sicher, dass seine Weihnachtsbücher zu vielen, besinnlichen Momenten beitragen werden. Ein riesiges

DANKE Joe!

Der Cameo-Verlag

Mein Dank

Als ich vor fünf Jahren den ersten Band mit Weihnachtsgeschichten herausgab, hätte ich nie gedacht, dass die Freude der Leser und Leserinnen an diesen neuen und alten Geschichten so groß sein würde.

Auch diesmal haben wieder viele liebe Menschen ihre ganz persönliche Weihnachtsgeschichte für einen neuen Band aufgeschrieben. Ganz herzlich danke ich Alban, Céline, Christine, Dechen, Franziska, Gabriel, Hélène, Martina, Pasquale, Paul, Rachel, Samuel, Silvia und Valeria. Eure Erzählungen haben dazu beigetragen, dass auch dieses Buch wieder zu einem wertvollen Schatz geworden ist für alle, die Weihnachten und Weihnachtsgeschichten lieben.

Ich danke dem Team des Cameo Verlags – Rafael, André, der Lektorin Susanne – und dem sympathischsten Verleger und Freund, den es geben kann – Gabriel Palacios.

Nicht zu vergessen meine Mutter Ruth sowie Pasquale aus der Buchhandlung und seine Ganesha. Ohne Eure Unterstützung gäbe es dieses Buch nicht.

Joe Fuchs
Einsiedeln, im Oktober 2022

In dieser Anthologie wurden alte und neue Weihnachtsgeschichten vereint, von bekannten und weniger bekannten Autoren, die alle eines gemeinsam haben: Sie stammen aus dem schönen Land, wo hinter den Bergen die Sterne schlafen – der Schweiz.

Wenn Sterne und Schneeflocken tanzen, dann ist Weihnachten
Cameo, Hardcover, 192 Seiten
ISBN: 978-3-906287-97-3